Ursula Grohs
NEBENWIRKUNG RAUCHFREI

Ursula Grohs

NEBENWIRKUNG RAUCHFREI

PS: Nachweislich die beste
Nichtraucher-Methode der Welt

ecoWIN

Ursula Grohs
Nebenwirkung rauchfrei
PS: Nachweislich die beste Nichtraucher-Methode der Welt

Umschlagidee und -gestaltung: **kratkys.net** ✗

1. Auflage
© 2009 Ecowin Verlag, Salzburg
Redaktion: Mag. Heike Kossdorff
Lektorat: Dr. Arnold Klaffenböck
Gesamtherstellung: www.theiss.at
Gesetzt aus der Sabon
Printed in Austria
ISBN 978-3-902404-82-4

1 2 3 4 5 6 7 8 / 12 11 10

www.ecowin.at

Inhaltsverzeichnis

Einleitung 11

Teil 1: Das Erfolgs-Konzept

Die Entwicklung von Braindesign 17
    Von der Kindertherapie zur erfolgreichsten
    Rauchentwöhnungsmethode der Welt 17

Die Studie des Erfolges 19
    Die Gruppen 19
    Die Bedingungen der Zyban-Gruppe 21
    Die Bedingungen der PDM-Gruppe 21
    Das Studien-Ergebnis 23
    Fagerström-Test für Nikotinabhängigkeit 23

Der Duft-Reiz und wie er wirkt 25
    Gerüche und Emotionen 25
    Gerüche als Warnsignale 26
    Pawlow und die Düfte 26
    Mit Duft zu neuen inneren Bildern 28

Die Gebrauchsanweisung 29

Braindesign – die Methode 33
    Wie Sie durch geführte Geschichten rauchfrei werden . . 33
    Das Kernstück PDM 33
    Glückshormone auf Knopfdruck 35
    Hinführung zum Trainingserlebnis „Entspannung" . . . 36
    Info: Das Hormon DHEA 38

Vorübung zum Trainingserlebnis „Entspannung" 38
PDM-Trainingserlebnis „Entspannung" 39
Info: Wassertrinken 45
Spielerisch rauchfrei 46
So schlüpfen Sie in Ihre neue Rolle 46

Die Macht der inneren Bilder 49
So „malen" Sie positive innere Bilder 50
Info: Reize im Gehirn 52
Positive Gedanken heilen, negative tun uns nicht gut .. 53

Die vier menschlichen Fähigkeiten und wie sie bei
der Rauchentwöhnung helfen 57
Die Fähigkeit, Aufmerksamkeit auf jemand anderen
richten zu können 57
Info: Das „Good-enough Mother"-Prinzip 58
Die Fähigkeit, Zufriedenheit mit dem Alltag
erleben zu können 58
Die Fähigkeit, seinen eigenen Wert für die
Gemeinschaft erkennen zu können 59
Die Fähigkeit, sich als Mann beziehungsweise Frau
identifizieren zu können 60

Lust oder Schmerz? – So kann man den Körperzustand
beeinflussen 61
Herr über seinen Körper 62
Selbsterfahrung: Bilder verändern den Körperzustand .. 63
Die positive Glücksspirale 67
Info: Kohärenz des Herzrhythmus 68

Das Straßensystem im Gehirn 69
So lernt das Gehirn 69
Info: Aufbau und Funktion einer Nervenzelle 70
Die Netzwerke der Erinnerung 70

Die Daten-Autobahn der Raucher 71
Der Bau neuer Straßen 72

Die Macht der Hormone 73
Ein Streifzug durch die Welt der Hormone 75
Was unseren Körper steuert 75
Die Glücklichmacher 78
Der chemische Glücklichmacher Nikotin 80
Info: So wirkt Nikotin im Gehirn 80
Die Motivations-Achsen des Gehirns 81

Nikotin – so gefährlich ist das Nervengift 83
Wie Nikotin wirkt 84
Nikotin killt die Gesundheit 85
Der Süchtigmacher 86
Rauchen – Schockzustand im Gehirn 87
Der Schutzmechanismus im Gehirn 89
Warum Bedrohung nicht wirkt 90
Der leise Entzug 91
Die Entzugserscheinungen 92
Die Geschichte „Vorsicht: Alien!" 94

Im Bann der Süchte 97
Glückstaumel durch Schmerzen 97
Schlüsselrolle Dopamin 98
Sucht verändert den Charakter 98

Rauchen: Zahlen, Daten, Fakten 101
So raucht Österreich 101
So startet die Raucher-Karriere 102
Das Leid der Passivraucher 102
Gesundheitskiller Rauchen 103
Warum Rauchen süchtig macht 104
Das sagt das Gesetz 105

Werbung und Sponsoring 107
Das Rauchverbot 108

Die anderen Entwöhnungsmethoden 111
Die Selbstentwöhnung 111
Raucherberatung beim Entwöhnungsspezialisten 111
Akupunktur 112
Hypnose 112
Nikotinersatzpräparate 113
Medikamentöse Therapie 113
Psychologische Methoden 113

Teil 2: Das Erfolgs-Programm

So funktioniert Braindesign 117

Der Trainingsfahrplan 121
So verwöhnen und stärken Sie sich 122
Leben Sie die PDM-Trainingserlebnisse 123
Der Weg in die Rauch-Freiheit 123
Der detaillierte Trainingsplan 126

Trainingserlebnisse 129
Vorübung zum Trainingserlebnis „Entschlossenheit" . . 129
PDM-Trainingserlebnis „Entschlossenheit" 131
Vorübung zum Trainingserlebnis
„Gesunde Organe" 134
PDM-Trainingserlebnis „Gesunde Organe" 135
Vorübung zum Trainingserlebnis „Geborgenheit" 140
PDM-Trainingserlebnis „Geborgenheit" 142
Vorübung zum Trainingserlebnis „Wert" 146
PDM-Trainingserlebnis „Wert" 146
PDM-Trainingserlebnis „Freiheit" 151

Glücklichmacher einfach essen 157
   Glücklich essen kommt von glyx-lich essen 157
   Sechs Wochen lang Heilkost 158

Die Erfahrungsberichte 163
   Brigitte: „Mir wurde doppelt geholfen!" 163
   Christine: „Es passierte völlig unbewusst" 165
   Anton: „Ein seltsames Tun aus einem ganz anderen
   Leben" 168
   Sebastian: „Ich war mir einfach so sicher, dass
   ich mir das nicht mehr antun würde" 170
   Martina: „Ich weiß ganz genau, ich bin frei" 171

Das Ritual der letzten Zigarette 173
   Trainingserlebnis „Schatten" 174

Ausgewählte Literatur und Quellen 183

Abbildungsnachweis 184

Einleitung

Gratulation! Wenn Sie dieses Buch in Händen halten, sind Sie schon auf dem richtigen Weg in Ihr neues, rauchfreies Leben! Mit „Nebenwirkung rauchfrei" werden Sie ganz von selbst von den Zigaretten lassen – einfach weil Sie sich selbst nur noch Gutes tun wollen!

Ich habe diese Methode während meiner Arbeit als Kindertherapeutin entwickelt. Ich wollte damit ein Instrument haben, das Eltern hilft, in einen emotionalen Zustand zu kommen und sich selbst wieder an ihre Kindheit erinnern zu können, um so ihren Nachwuchs besser zu verstehen. Dabei habe ich erkannt, dass mithilfe dieser Methode jeder Mensch automatisch nichts anderes will, als sich so zu verhalten, dass es ihm gut geht. Und er sich gesund fühlt.

In meinem Fall wurde der Wunsch ganz klar, mit dem Rauchen endlich aufzuhören. Ich habe also mein Programm „Braindesign" entwickelt und war quasi gleich meine erste Versuchsperson. Mit Erfolg! Nach mehr als 30 Jahren bin ich seit 2002 nun rauchfrei und kann mit hundertprozentiger Sicherheit sagen, dass ich nie wieder in meinem Leben eine Zigarette anzünden werde.

Heute, sieben Jahre später, ist auch der wissenschaftliche Beweis erbracht, was meine persönliche Erfahrung mit meinen Klienten mir schon lange gezeigt hat: Braindesign gilt als die erfolgreichste Rauchentwöhnungsmethode der Welt. Die klinische Studie, die Suchtforscher Dr. Gerald Zernig durchgeführt hat, weist eine Erfolgsquote von 41 Prozent auf. Doch Braindesign führt nicht nur zu einem rauchfreien, sondern insgesamt zu einem viel gesünderen Leben. Mein Anti-Raucherprogramm senkt auch erfolgreich den Blutdruck und die Stresshormone. So kann Braindesign bei Burn-out, schlechter Ernährungsweise und anderen Süchten wie Alkoholproblemen helfen.

Das Kernstück von Braindesign ist das Psychodynamische Modelltraining (PDM), das auf der Grundlage von neuro- und entwicklungspsychologischen und psychodynamischen Persönlichkeitstheorien sowie Erkenntnissen der Individualpsychologie basiert. Mithilfe von geführten Geschichten lernen Sie fix vorgegebene Rollen kennen und leben diese den ganzen Tag, wie ein Schauspieler seine Rolle lebt. So können neue Bilder in Ihren Alltag einfließen und Sie werden mit dem Rauchen aufhören – egal, ob Sie wollen oder nicht!

Aber wie soll das gehen, werden Sie sich jetzt fragen. Sie werden im Laufe der Lektüre dieses Buches lernen, Glücksgefühle in sich zu erzeugen, indem Sie innere Bilder in Ihrer Bewertung verändern und diese dann Glück bringend jederzeit willentlich abrufen und einsetzen können.

Mit dem Rauchen von Tabak wird ein hormoneller Cocktail in unserem Gehirn erzeugt, der uns vortäuscht, glücklich zu sein. Hören wir mit dem Rauchen auf, ist es wichtig, dass wir andere, gesunde Möglichkeiten haben, um den chemischen „Hormonmix Glück" in uns zur Wirkung zu bringen. Das funktioniert ganz von selbst! Man muss nur wissen, wie. Die abgestimmten Programmschritte werden Sie dorthin führen.

Sie werden sich in Abschnitten dieses Buches mit chemischen Prozessen befassen, die das Rauchen im Körper auslöst. Weiters werden Sie verstehen, wie sich trügerische Inhalte in Ihrer inneren Bilderlandschaft im Gehirn durch das Rauchen ausbreiten.

Zuletzt werden Sie sich mit den Entzugserscheinungen und Möglichkeiten befassen, die Ihren Körper so unterstützen, dass er wieder frei ist und gesund funktioniert.

Raucher werden mit diesem Buch in einer verwöhnenden und glücklichen Art das Rauchen aufgeben. Sie müssen nur die psychodynamischen Trainingserlebnisse an entsprechender Stelle wie fixierte Rollen eines Schauspielers lernen und sinnlich durchleben.

Es gibt immer noch Momente, in denen ich mich persönlich in diese Geschichten hineinversetze – und immer wieder mit viel Vergnügen. Danach fühle ich mich einfach rundum gesund.

Heute beginnt Ihr neues Leben! Ich wünsche Ihnen alles Gute!

Ihre
Dr. Ursula Grohs

Teil 1:
Das Erfolgs-Konzept

Die Entwicklung von Braindesign

VON DER KINDERTHERAPIE ZUR ERFOLGREICHSTEN RAUCHENTWÖHNUNGSMETHODE DER WELT

Ich habe das Psychoedukations-Programm Braindesign im Laufe meiner langjährigen Tätigkeit als Kinder- und Jugendtherapeutin entwickelt. 20 Jahre lang hatte ich mit Leuten zu tun, die zwar wollten, dass ich ihre Kinder heile, aber nicht bereit waren, selbst etwas an ihren Einstellungen oder Verhaltensmustern zu ändern. Ich war immer auf der Suche nach Methoden, wie man Kinder und Eltern dazu motiviert, sich gesund zu verhalten. Und ich wusste, wenn ich helfen will, muss ich Möglichkeiten finden, dass Menschen in ihrem Leben einiges ändern, auch wenn sie es nicht beabsichtigen.

Wichtig ist dabei vor allem Sympathie, Anerkennung und Sicherheit. Erfahrungsgemäß hören Menschen dann eher zu, identifizieren sich leichter mit dem Gesagten und sind motivierter, etwas zu verändern.

Ich habe also psychodynamische Techniken entwickelt, um Menschen zu emotionalisieren. Ich helfe Ihnen, ein Gefühl für sich und Ihren Körper zu entwickeln. In diesem Zustand kann man viel leichter aufzeigen, was einem guttut. Das gelingt mithilfe von Bildern, einer Art geführter Geschichten. Die Inhalte dieser Geschichten betreffen alle Menschen und wirken quasi von selbst. Es gibt Erlebnisinhalte, auf die unser Gehirn mit Botenstoffausschüttungen reagiert, die Menschen motivieren. In diese Bereitschaft hinein gebe ich Verhaltensanleitungen mit psychodynamischen Techniken.

Bei meiner Arbeit mit Familien ist es mir so gelungen, dass betroffene Eltern in ihre frühkindlichen Erinnerungen zurückgehen und so ihre Kinder heute dann besser verstehen konnten. Was das Entwöhnen vom Nikotin betrifft, kann man meine Methode so begreifen: Durch Braindesign wecke ich die Sinne, stärke die Personen, Gefühl und Verstand sind im Einklang. So will ich automatisch gesund leben, will mich heilen.

Weiters vermittle ich Techniken, die durch Bilder und Signale ans Gehirn jene Lücken füllen, die im Belohnungszentrum durch die Entwöhnung entstehen. Auf diese Weise werden im Gehirn die gleichen Glücksbotenstoffe, die sich normalerweise beim Rauchen bilden, auf natürlichem Weg freigesetzt.

Erste Erfolge bezüglich der Verhaltensänderung bei meinen Patienten machten mir schnell klar, dass sich Braindesign auch auf anderen Gebieten – etwa bei schlechten Lebensgewohnheiten, wie Alkohol- und Tabakkonsum – einsetzen lässt.

Eine Tatsache, die ich Mitarbeitern der Steirischen Gebietskrankenkasse erzählte, mit denen ich wegen der Finanzierungen der Kindertherapie durch die öffentliche Hand ohnehin in ständigem Kontakt war. Dem Hinweis folgte man 2004. Der damalige Themenschwerpunkt aus politischen Gründen: die Rauchentwöhnung.

Ich bat, mir Hardcore-Raucher zu schicken, die nicht mit dem Rauchen aufhören wollen, um zu zeigen, dass Braindesign auch dann wirkt. Es waren ein Jurist und ein leitender Angestellter, und beide hatten keinerlei Absicht, mit dem Rauchen aufzuhören. Beide waren aber nach nur 15 Stunden Programmdauer rauchfrei.

Um die Erfolge auch wissenschaftlich zu bestätigen, wurden mehrere Studien veranlasst: eine Pilotstudie mit 91 Personen, eine Vorstudie mit 260 Personen und dann die randomisierte kontrollierte Studie mit 779 Personen (mehr dazu im nächsten Kapitel), deren Ergebnis international für Aufsehen sorgte.

Bis heute haben mehr als 2200 Menschen mein Programm absolviert.

Die Studie des Erfolges

Jedes Jahr versuchen 46 Prozent der Raucher ernsthaft mit dem Rauchen aufzuhören. Von denjenigen, die es auf eigene Faust versuchen (90 Prozent), bleiben nur knapp fünf Prozent nach einem Jahr kontinuierlich abstinent. Sowohl Medikamente als auch strukturierte Beratung können Rauchern helfen, aufzuhören, sind aber nur mäßig erfolgreich (siehe Kapitel „Die anderen Entwöhnungsmethoden").

Mit Braindesign hingegen gelingt es 41 Prozent, nachhaltig mit dem Rauchen aufzuhören. Das wurde jetzt sogar wissenschaftlich überprüft – in einer großen randomisierten und klinisch kontrollierten Studie, bei der die Zuordnung zu einer Behandlungsgruppe (Zyban oder PDM) nach dem Zufallsprinzip erfolgte. Das Ergebnis ist sogar in dem international bedeutenden Magazin „Addiction" (zu Deutsch „Sucht") veröffentlicht worden.

Diese Studie wurde von Univ.-Prof. Dr. Gerald Zernig von der Abteilung für Experimentelle Psychiatrie an der Medizinischen Universität Innsbruck gemeinsam mit Kollegen durchgeführt, um die Wirksamkeit und Sicherheit des Medikamentes Zyban und des Psychodynamischen Modelltrainings (PDM) zur Rauchentwöhnung zu vergleichen. Zyban galt damals als wirksamstes Medikament zur Rauchentwöhnung.

DIE GRUPPEN

Getestet wurden 779 erwachsene Raucher, die einen Zigarettenkonsum von mindestens 15 Zigaretten pro Tag über die letzten drei Monate aufwiesen und die Absicht hatten, mit dem Rauchen aufzuhören.

Zu Beginn wurden die demografischen Daten, die Krankengeschichte und die vorherigen Rauchgewohnheiten erfasst sowie Vitalparameter und Kohlenmonoxid in der Ausatemluft gemessen. Das „Beck-Depressions-Inventar" wurde zur Erfassung depressiver Symptome und der „Fagerström Toleranzfragebogen" zur Erfassung des Schweregrades der Nikotinabhängigkeit verwendet. Es gab keine wichtigen Unterschiede in den Ausgangswerten der beiden Behandlungsgruppen.

INFO:

Das Beck-Depressions-Inventar ist ein seit 30 Jahren national und international weit verbreitetes und in vielfältigen klinischen Zusammenhängen erfolgreich eingesetztes Selbstbeurteilungsinstrument zur Erfassung des Schweregrades einer depressiven Symptomatik. Es entstand aufgrund klinischer Beobachtungen depressiver Patienten. Die häufigsten Beschwerden sind zu 21 Schlagworten komprimiert (zum Beispiel traurige Stimmung, Pessimismus, Versagen, Unzufriedenheit, Schuldgefühle, Weinen, Reizbarkeit, sozialer Rückzug, Entschlussunfähigkeit, Schlafstörungen, Appetitverlust und anderes mehr).

Der Fagerström-Test ist ein Ermittlungsverfahren zur Bestimmung der körperlichen Nikotinabhängigkeit von Rauchern. Er präzisiert nikotinrelevante Suchtkriterien in Frage- und Antwortform. Nicht zuletzt wegen der schnellen Durchführbarkeit und des direkt ablesbaren Ergebnisses erfreut sich der Fagerström-Test international großer Beliebtheit. Er ist in Behandlungsstudien weit verbreitet und besitzt eine hohe Zuverlässigkeit ebenso wie eine hohe Gültigkeit. Als Indikatoren des Abhängigkeitsgrades haben sich folgende Aspekte besonders bewährt: frühmorgendliches Rauchen, mehr als zehn konsumierte Zigaretten täglich sowie mehrfache vergebliche Abstinenzversuche in der Vergangenheit.

DIE BEDINGUNGEN DER ZYBAN-GRUPPE

413 Teilnehmerinnen und Teilnehmer wurden der Zyban-Gruppe (Wirkstoff Bupropion) zugeteilt. Die Behandlung mit dem Medikament erfolgte über neun Wochen (gemäß der Fachinformation des Herstellers). Nach einer anfänglichen medizinischen Beratung und einer Dosiserhöhungsphase von einer Woche auf eine endgültige Dosis von 2 x 150 Milligramm Bupropion pro Tag am Tag 7 wurde ein Ziel-Aufhördatum („target quit date") für die zweite Woche vereinbart. Die Teilnehmer kehrten zu einem zweiten Arztbesuch zurück, der zwischen Tag 26 und 33 der Behandlung vereinbart wurde. Bei diesem zweiten Arztbesuch führte der Studienarzt eine medizinische Untersuchung durch und die Teilnehmer erhielten die zweite 60-Tabletten-Packung Zyban, die nur angeboten wurde, wenn die Teilnehmer abstinent geblieben waren.

DIE BEDINGUNGEN DER PDM-GRUPPE

Das PDM-Training bestand aus einer sehr kurzen verhaltenstherapeutischen Einschulung in tiefenpsychologische Autosuggestionstechniken (man lernt, sich in eine Rolle hineinzudenken und diese zu leben), die man sich während eines einzigen eineinhalbtägigen Programms aneignen konnte.

In der vorliegenden Studie wurden Gruppen von ungefähr 30 Teilnehmern in fünf geleitete Fantasie-Szenarios eingeführt, die zum Ziel hatten, folgende Aspekte gesunden Funktionierens zu stärken:

- Königin/König zur Stärkung von Selbstmanagement, Entschlusskraft, Selbstbestärkung und Selbstbestimmung
- das Innere Kind zur Stärkung von Gefühlen von Sicherheit und Beziehungskompetenz
- Organe, um natürliche Organfunktionen zu stimulieren und Körperempfindung zu stärken

- Gold, um Selbstwert und Vertrauen in die eigenen Fähigkeiten zu stärken
- Freiheit, um Autonomie zu ermöglichen

Die geleiteten Fantasien und die verhaltenstherapeutische Psychoedukation wurden von einem Orangen-Zitronen-Zimt-Duftgemisch als Erinnerungsreiz begleitet, um das Wiederauffinden der Erinnerungen an Inhalte des Trainingsprogrammes und der assoziierten Körperreaktionen, Emotionen und Wahrnehmungen zu erleichtern. Die Teilnehmer sollten laut Studienleiter unbedingt rauchen. Hierfür gab es extra vorgesehene Raucherzonen. Am Ende des Programms wurden sie aufgefordert, ihre letzte Zigarette zu rauchen.

Alle Teilnehmer mussten die Nacht zwischen Tag 1 und 2 im selben Hotel verbringen. Das Ziel dieser Maßnahme war die Konsolidierung der Lernerfahrung der Teilnehmer während des Programms.

Danach erhielt die Gruppe der PDM-Teilnehmer eine CD der geleiteten Fantasien und wurde angeleitet, diese Aufnahme mindestens einmal täglich für die Autosuggestion zu verwenden, wobei jedes der fünf Szenarios eine Woche lang in einem sechswöchigen Zyklus wiederholt werden sollte. Diesen Zyklus sollten die Teilnehmerinnen und Teilnehmer über mindestens drei Monate, aber vorzugsweise über ein ganzes Jahr wiederholen. Sie wurden auch dazu ermuntert, den Anfangsbuchstaben des gerade geübten Autosuggestions-Szenarios als visuellen Erinnerungsreiz an das Training auf den Handrücken zu schreiben (K für Königin bei der Entschlossenheit, B für „Baby" – Geborgenheit, O für Organe, G für Gold und F für Freiheit) und das Duftöl immer dann zu benutzen, wenn sie sich Situationen aussetzten, die in der Vergangenheit zu Rauchen geführt hatten. Das eineinhalbtägige Training war die einzige therapeutische Intervention, die die Teilnehmer der Psychotherapie-Gruppe erhielten.

DAS STUDIEN-ERGEBNIS

Nach drei, sechs und zwölf Monaten wurden die Teilnehmer über jegliches Rauchen seit dem Aufhörtag befragt und der Kohlenmonoxidspiegel in der Ausatemluft gemessen. Auch Harnproben wurden auf Cotinin, ein Haupt-Stoffwechselprodukt von Nikotin, untersucht.

Die Raten der Kohlenmonoxid-bestätigten zwölfmonatigen kontinuierlichen Abstinenz betrugen 41 Prozent in der PDM-Gruppe und 12,3 Prozent in der Zyban-Gruppe. Die Sicherheit der Psychotherapie war sehr hoch. Nur eine Teilnehmerin beendete das Trainingsprogramm nicht. In der Bupropion-Gruppe brachen hingegen 27 Teilnehmer ihre medikamentöse Behandlung ab.

Fazit: Die Studie zeigt, dass sich die PDM-Methode als dreimal wirksamer erwies als das zum Zeitpunkt der Studiendurchführung beste Medikament zur Rauchentwöhnung!

FAGERSTRÖM-TEST FÜR NIKOTINABHÄNGIGKEIT

Frage	Wahlmöglichkeit	Bewertung
Wann nach dem Aufstehen rauchen Sie Ihre erste Zigarette?		
	innerhalb von 5 Minuten	3
	6 bis 30 Minuten	2
	31 bis 60 Minuten	1
	nach 60 Minuten	0
Finden Sie es schwierig, an Orten, wo das Rauchen verboten ist (zum Beispiel Kirche, Bücherei, Kino usw.), das Rauchen zu unterlassen?		
	ja	1
	nein	0

Auf welche Zigarette würden Sie nicht verzichten wollen?

die erste am Morgen	1
andere	0

Wie viele Zigaretten rauchen Sie im Allgemeinen pro Tag?

bis 10	0
11 bis 20	1
21 bis 30	2
31 und mehr	3

Rauchen Sie am Morgen im Allgemeinen mehr als am Rest des Tages?

ja	1
nein	0

Kommt es vor, dass Sie rauchen, wenn Sie krank sind und tagsüber im Bett bleiben müssen?

ja	1
nein	0

Ihre Punkteanzahl

0 bis 2 Punkte: stellt keine beziehungsweise eine nur sehr geringe Nikotinabhängigkeit dar; 3 bis 4 Punkte: geringe Nikotinabhängigkeit; 5 bis 10 Punkte: mittlere bis hohe Nikotinabhängigkeit.

Der Duft-Reiz und wie er wirkt

Ihrem Buch ist ein duftgetränktes Lesezeichen beigelegt, das ein wichtiger Bestandteil der Braindesign-Rauchentwöhnungsmethode ist. Dieser spezielle Duft wird Ihnen helfen, nach dem Rauchstopp frei zu bleiben. Wie das funktioniert, ist wissenschaftlich erklärbar.

Jeder Duft gelangt über die Nase direkt in das limbische System des Gehirns – das ist der älteste Teil unseres Gehirns, der eine wichtige Rolle beim Entstehen und Regulieren von Gefühlen spielt. So werden mit jedem Atemzug Millionen Riechzellen stimuliert, die über das Hirn und die Nervenbahnen Impulse an das Hormon- und Immunsystem weitergeben. Die Bereiche des Gehirns, in denen Informationen über Gefühle, Erinnerungen oder Sexualität sitzen, werden direkt angesprochen. Der Körper antwortet darauf mit einer Ausschüttung von Botenstoffen. Düfte können das Wohlbefinden und kognitive Leistungen des Menschen beeinflussen.

GERÜCHE UND EMOTIONEN

Ein Mensch kann Tausende von Gerüchen erkennen und im Gedächtnis speichern. Einer der Informationswege führt vom Riechhirn direkt zum Mandelkern, dem Sitz der Emotionen. Im Mandelkern erzeugen die eintreffenden Geruchsinformationen blitzschnell ein Gefühl. Je nach Geruch kann das zum Beispiel Freude sein, Angst oder Ekel. Gerüche wecken auch Erinnerungen, sie können einen Menschen schlagartig in die Kindheit zurückversetzen. Der Sitz des Gedächtnisses liegt im Hippocampus, in unmittelbarer Nachbarschaft zum Mandelkern. Hier entstehen Bilder vor dem inneren Auge, die der Duft hervorruft. So weckt der Duft von frischem Apfelkuchen vielleicht Erinnerungen an die Großmutter, riechen wir das Parfüm eines Ex-Partners, können Gefühle wie Sehnsucht und Wehmut entstehen.

Bei der Klassifizierung der Gerüche werden immer wieder folgende sechs Geruchsqualitäten hervorgehoben: blumig, fruchtig, würzig, faulig, brenzlig und harzig.

GERÜCHE ALS WARNSIGNALE

Wahrnehmbare Riech- oder Duftstoffe dienen zur Identifizierung von Nahrung, Verdorbenem, von Artgenossen und von Feinden. Gerüche warnen auch vor stofflichen Gefahren. Beispielsweise hat der hochgiftige Schwefelwasserstoff eine sehr niedrige Geruchsschwelle. Schon wenige Moleküle reichen aus, um die Substanz an ihrem typischen Geruch von faulen Eiern, der bei der Zersetzung von Proteinen aus schwefelhaltigen Aminosäuren durch Fäulnis- und Schwefelbakterien entsteht, zu identifizieren.

Bereits nach etwa fünf Minuten werden die Riechnerven durch einen bekannten Geruch nicht mehr erregt. Dies ist der Grund dafür, dass wir uns selbst nicht bewusst riechen können. Diese Geruchsanpassung unserer Riechnerven ist aber vor allem eine sinnvolle Sicherheitsvorkehrung. Würden wir alle auf uns einströmenden Gerüche permanent bewusst wahrnehmen, würde in unserem Kopf ein Geruchschaos ausbrechen und wir könnten gefährliche Gerüche wie die von giftigen Gasen nicht mehr erkennen.

PAWLOW UND DIE DÜFTE

Um zu erklären, wie im Gehirn neutrale Reize zu konditionierten Reizen werden, die eine erlernte Reaktion hervorrufen, machen wir einen kurzen Ausflug in die Welt der Psychologie. Sie haben bestimmt schon einmal vom Phänomen des Pawlowschen Hundes gehört. Der russische Psychologe Iwan Petrowitsch Pawlow entdeckte 1918 durch Zufall die Zusammenhänge der klassischen Konditionierung, als er eigentlich den Verdauungsprozess von Hunden untersuchen wollte. Er stellte fest, dass die Hunde verstärkt Speichel produzierten, wenn seine Assistenten den Tieren Futter brachten. Die Tiere speichelten jedoch bereits dann, wenn sie den Assistenten beziehungsweise das Futter noch gar nicht sehen konnten: Um die Reaktion auszulösen, genügte es den Tieren anscheinend, den Assistenten zu hören. Tatsächlich konnte jeder Reiz, den der Hund als der Fütterung regelmäßig vorausgehend wahrnehmen konnte, die gleiche Reaktion auslösen wie das Futter selbst.

Wenn Sie etwas Schmackhaftes zu essen vor sich stehen haben, beginnt in Ihrem Mund in der Regel eine erhöhte Speichelproduktion. Da Reiz (Nahrung) und Reaktion (Speichelfluss) des Verdauungssystems von nichts anderem abhängen, also als automatisch, angeboren, vorprogrammiert oder als Anlage bezeichnet werden können, nannte Pawlow diese Reaktion unbedingten Reflex.

In seinem bekanntesten Versuch paarte Pawlow die Futtergabe mit einem zweiten, neutralen Reiz, einem Glockenton. Kurz vor jeder Futtergabe wurde einem Hund ein Glockenton dargeboten, was nach einigen Wiederholungen dazu führte, dass der Glockenton allein genügte, um die Speichelproduktion des Tieres anzuregen. Der Hund hatte den Glockenton mit dem Futter assoziiert. Die Reaktion war nicht mehr natürlich, sondern erlernt, also konditioniert.

Im Laufe der Lektüre dieses Buches werden Sie immer wieder dazu aufgefordert werden, an Ihrem Lesezeichen zu riechen. Der bisher neutrale Reiz wird daraufhin in Ihrem Gehirn automatisch mit dem verbunden, was Sie in diesem Moment lesen oder sich dabei denken. Der Duft wird schließlich zum konditionierten Reiz, der Sie dabei unterstützen wird, frei zu bleiben und nicht mehr zur Zigarette zu greifen.

MIT DUFT ZU NEUEN INNEREN BILDERN

Riechen Sie, wann immer vorgeschrieben, an Ihrem Lesezeichen mit der speziellen Mischung aus Orangen-, Zitronen- und Zimt-Duft.

Das Besondere an dieser Mischung ist die Kombination verschiedener Wirkungen, die man den jeweiligen Zusätzen nachsagt. So ist Zimt der erste Duft, den wir schon im Mutterleib wahrnehmen können und der uns deshalb immer an frühere Zeiten erinnern wird. Der Duft von Orangen – so zeigen Erfahrungen – soll Ängste reduzieren. Und Zitronengeruch ist klärend und frisch.

Behalten Sie während des Braindesign-Trainings und vor allem nach dem Ausdrücken der letzten Zigarette das Lesezeichen bei sich, genau so wie Sie bisher Zigaretten bei sich hatten.

Nehmen Sie das Duft-Lesezeichen immer, wenn Sie dieses Buch zur Hand nehmen.

INFO:
Ihr Gehirn registriert den Geruch des Braindesign-Duftes und verbindet alles, was Sie in diesem Buch lesen und sich dabei denken, mit diesem Duft. Das hilft Ihnen dabei, sich an die neuen inneren Bilder zu erinnern.

Verwenden Sie den ausgewählten Duft aber bitte nur beim Lesen und Ihrem Training. Bedenken Sie, dass Sie immer den Geruch von Nikotin auf Ihren Händen haben, solange Sie rauchen. In Zukunft soll dieser Geruch ersetzt werden, damit Sie leicht frei bleiben können.

Die Gebrauchsanweisung

Um den Erfolg zu gewährleisten, sollten Sie das Buch genau nach den folgenden Angaben verwenden:

Haben Sie immer Ihr duftiges Lesezeichen bei sich. Sie können sich natürlich auch ein Duftölfläschchen mit einer Mischung aus Orange, Zitrone und Zimt in Ihrer Apotheke so mischen lassen, dass Ihnen der Duft auch wirklich angenehm ist. Merken Sie sich bitte das Mischungsverhältnis. Sie brauchen dieses Fläschchen ein Jahr lang nach dem Ausdrücken Ihrer letzten Zigarette immer bei sich. Wenn Sie es verlieren, sollten Sie denselben Duft wieder bekommen können. Auch Nichtraucherinnen und Nichtraucher können mit dem Verwenden des Duftes ganz leicht, wann immer sie wollen, die gesundheitsfördernden Botenstoffe der psychodynamischen Trainingserlebnisse allein schon durch den Braindesign-Duft aktivieren.

Riechen Sie immer am Lesezeichen oder Fläschchen, wenn Sie das Buch zur Hand nehmen.

Sie begegnen verschiedenen psychodynamischen Trainingserlebnissen beim Lesen. Es handelt sich dabei um Geschichten, die Sie als fixierte Rollen trainieren sollen – eben so, wie es ein Schauspieler machen würde. Nehmen Sie diese Rollen mit in Ihren Alltag. Handeln Sie so, wie die Rollen und das Psychodynamische Modelltraining es vorgeben.

Und wichtig! Verändern Sie die Trainingserlebnisse nicht und trainieren Sie diese an den Stellen, an denen sie vorgesehen sind. Diese Geschichten aktivieren in Ihrem Gehirn Botenstoffe, die dafür sorgen, dass die darauf folgenden Informationen auch wie gewünscht wirken.

Wann immer Sie das Buch zur Hand nehmen, blättern Sie bitte zum vorangegangenen psychodynamischen Trainingserlebnis und fühlen Sie sich genau in die Rolle dieses Trainingserlebnisses ein. Lesen Sie erst anschließend weiter.

MERKE:

Um die verwöhnende Wirkung und den Rauchstopp erzielen zu können, brauchen Sie nicht mit dem Rauchen aufhören zu wollen. Sie brauchen nur die psychodynamischen Trainingserlebnisse an der richtigen Stelle zu durchleben und am Lesezeichen oder Fläschchen zu riechen.

Am Ende des Braindesign-Programms werden Sie so zu zwei Erkenntnissen gekommen sein:

1. **Rauchen löst einen hormonellen Dauerschockzustand aus** und täuscht damit unser Unbewusstes und unseren Verstand. Beim Rauchen sind die chemischen und elektrischen Prozesse in unserem Gehirn aktiviert, die in einem natürlichen Zustand nur bei konzentrierten Denkleistungen und bei erfolgreichen Lösungen aktiviert sind. Wir sind daran gewöhnt, dass wir uns in solchen Momenten glücklich und entspannt fühlen, und somit denken wir, wir seien beim Rauchen glücklich und entspannt. Dieses Buch wird Ihnen helfen, die Mechanismen, die das Rauchen in Ihrem Gehirn auslöst, zu durchschauen.

2. **Es gibt niemanden und nichts – keinen Menschen, keine Methode, keine Theorie –, der oder die für uns das Rauchen aufgibt / aufgeben.** Mit der letzten Zigarette ist man total allein. Niemand kann das für einen tun. Und niemand kann das veranlassen; auch kein Medikament, keine Hypnose, kein Voodoozauber. Bei dieser Entscheidung handelt es sich um eine in existenzieller Einsamkeit.

Riechen Sie bitte am Lesezeichen!

30

Sie werden verstehen lernen, dass Rauchende keine Schuld trifft, wenn sie rauchen!

Raucher sind mit der Substanz Nikotin in Kontakt gekommen und haben die „Türen" in den Nervenzellen, die das Nikotin hineingelassen haben, geöffnet. Das ist alles. Das Rauchen von Tabak ist eine der stärksten Suchtabhängigkeiten. Man sagt, dass Rauchen eine schlechte Gewohnheit sei, dass Tabak ein Genussmittel und nicht ein Suchtmittel sei. Damit wird man manipuliert. Tabak enthält neben Nikotin eine Menge suchterzeugender Gifte, die den Körper rasch abhängig machen. Davon kommt man nicht einfach los. Nur 3 bis 5 von 100 Menschen schaffen es, das Rauchen „einfach so" aufzugeben. Alle anderen fangen nach einem „Stopp" innerhalb eines Jahres wieder an.

INFO:

Haben Sie den Suchtmechanismus und die dazugehörigen Bilder begriffen, dann hören Sie ganz von selbst zu rauchen auf. Und zwar sofort, gleichgültig, in welcher Situation Sie sich befinden. Dann sind Sie rauchfrei, und das lebenslang! Eine Erkenntnis, die Ihre inneren Bilder unumkehrbar verändert. Für immer! Das verspreche ich Ihnen.

Braindesign – die Methode

WIE SIE DURCH GEFÜHRTE GESCHICHTEN RAUCHFREI WERDEN

Braindesign ist ein Verfahren zur Verhaltensänderung. Es wirkt im limbischen System, einem Teil des Gehirns, der für die emotionale Bewertung und Verarbeitung von Informationen sowie die unbewusste Verhaltenssteuerung zuständig ist. Hier werden Reize aus dem Körperinneren und von außen verarbeitet. Da unser Verhalten also ganz unbewusst vom limbischen System gesteuert wird, hat es wenig Sinn, seine Handlungen über Disziplin und Verhaltensregeln verändern zu wollen.

Das Kernstück von Braindesign, der verhaltenstherapeutischen Psychoedukation, sind die psychodynamischen Trainingserlebnisse. Weiterer Baustein ist der spezielle Duft.

Die Trainingserlebnisse aktivieren im Gehirn Botenstoffe, die es für neue Eindrücke bereit machen. Der Duft hilft dabei, dass die so gewonnenen neuen Erkenntnisse in Erinnerung bleiben.

DAS KERNSTÜCK PDM

Das Psychodynamische Modelltraining ist also der wichtigste Baustein von Braindesign.

PDM – wie es kurz genannt wird – basiert auf einer Anleitung zur Aktivierung positiv wirkender körperlicher Botenstoffe mithilfe von Autosuggestion.

Verhaltensänderung mithilfe von PDM funktioniert, weil PDM einerseits gewisse neuronale Straßen schließt und andererseits neue Wege eröffnet. Dazu muss man wissen, dass jeder Vorgang im Gehirn Spuren hinterlässt – eben die sogenannten neuronalen Straßen. Je öfter ein gleicher Vorgang im Gehirn abläuft, desto tiefer wird die Spur. Dies hat zur Folge, dass der Vorgang mit jedem Mal schneller, exakter und stärker abläuft, weil er von unserem Bewusstsein nicht mehr aktiv gesteuert werden muss. Wir benutzen dieses Phänomen zum Beispiel beim Lernen in der Schule. Auch das Autofahren wäre ohne diese eintrainierten Abläufe gar nicht möglich.

Bei PDM geht es also um ein gezieltes Arbeiten mit dem Gehirn, mit dem Ziel, dass dieses schlussendlich fähig sein soll, Glückshormone auf Knopfdruck freizusetzen. Und diese Glückshormone sollen in Folge dann die Entzugserscheinungen, die beim Rauchstopp entstehen, verhindern. Doch bis das mit dem Knopfdruck funktioniert, ist ein Training erforderlich. Denn beim Training baut sich eine dazugehörende innere Gehirnlandschaft auf. Die einzelnen Verbindungen zwischen den Gehirnzellen werden beim Training dicker und größer, und sie stabilisieren sich im weiteren Verlauf. So ist jenes Gehirnzentrum, das für die Steuerung der Finger zuständig ist, etwa bei einem Klavierspieler größer als bei Personen, die nicht Klavier spielen.

TIPP:

PDM gibt Modelle für innere Leitbilder vor, die wie Fremdwörter gelernt werden müssen.

Konzentrieren Sie sich immer wieder auf diese Modelle, bis Ihnen die dazugehörenden Gefühle so vertraut sind, dass Sie diese ganz automatisch abrufen können, wenn Sie Glücksgefühle brauchen.

GLÜCKSHORMONE AUF KNOPFDRUCK

Aktiviert wird die Ausschüttung von Glückshormonen durch die Arbeit mit inneren Bildern.

Mithilfe des Psychodynamischen Modelltrainings lernt man, glückliche innere Bilder jederzeit so abzurufen, dass Botenstoffe gleichsam „glückliche Nachrichten" im Körper ausschütten und man sich dadurch automatisch wohl fühlt. Der Körper befindet sich dabei in einem hormonellen Zustand, den er nur hat, wenn er gesund und erfolgreich ist.

Psychodynamisch heißt in diesem Fall, dass die Inhalte der Übungen auf menschliche Grundgefühle zurückgreifen, die bei der Entstehung der inneren Bilderlandschaft im Gehirn wesentlich waren. Die individuelle Lebensgeschichte spielt hierbei eine zentrale Rolle. Jeder Mensch hat seine ganz eigene Bilderlandschaft.

Modelltraining meint, dass mithilfe von fixierten Modellen (Rollen) erlebnishaft auf Gefühle zurückgegriffen wird, die zur Korrektur innerer Leitbilder anregen, die zu Mangelerlebnissen in uns führen können. Ein Beispiel zur Erklärung: Man stellt sich vor, eine Königin beziehungsweise ein König zu sein, oder in einer wunderschönen Blumenwiese zu liegen, oder gar in Gold zu baden. Diese Vorstellungen wecken Glücksgefühle.

Sie fühlen sich bei den PDM-Trainingserlebnissen also in diese oder andere vorgegebene Modelle ein, die Sie so trainieren, dass sie im Alltag immer wieder genau in der notwendigen Situation abrufbar sind. Mit diesen neu gewonnenen inneren Bildern können Sie nun auch den Tag neu erleben.

HINFÜHRUNG ZUM TRAININGSERLEBNIS „ENTSPANNUNG"

Riechen Sie wieder ausgiebig an Ihrem Lesezeichen und lesen Sie das PDM-Trainingserlebnis als Ihre Erlebnisgeschichte. Fühlen Sie sich ganz hinein.

Sie lesen das PDM-Trainingserlebnis, in das verschiedene Techniken eingebaut sind, die Sie in einen entspannten Bewusstseinszustand bringen. Es ist wichtig, dass Sie das PDM-Erlebnis als Ihre eigene Erlebnisgeschichte lesen.

Gehen Sie mit Ihren Gedanken das PDM-Trainingserlebnis „Entspannung" durch und beobachten Sie Ihren Atem. Suchen Sie irgendwo ein Licht und gehen Sie in Ihrer Fantasie durch einen antiken Ort.

Bei den PDM-Trainingserlebnissen werden bewusst Signalwörter verwendet, die bestimmte innere Bilder im Gehirn stimulieren.

Ein antiker Ort aktiviert etwa Gefühle der Beständigkeit, des Bestehens der Welt, auch wenn wir daraus später wieder verschwinden. Stellen Sie sich bei dem PDM-Trainingserlebnis die dort angesprochenen Gerüche vor. Rufen Sie aus Ihrer Erinnerung ab, wie sich das Summen von Bienen anhört. Sie kommen irgendwann in einen kristallenen Tempel, der hell strahlt. Dort gibt es einen Gang mit unendlich vielen Türen, worauf Namen stehen. Sie entdecken auch Ihren Namen darunter. Es ist wichtig, dass Sie tatsächlich Ihren persönlichen Namen geschrieben sehen, der Sie genau identifiziert, auf den Sie unzweifelhaft hören und von dem Sie sich angesprochen fühlen. Schreiben Sie in Ihrer Fantasie die Variante Ihres Namens auf jene Tür, bei der Sie sich derzeit ganz tief persönlich „zu Hause" fühlen.

Die Farbentspannung

In vielen Lebenssituationen sind es die Nervenzellen der Augen, welche die ersten Informationen an das Gehirn geben und dort ein Gefühlskonzert auslösen. Wir wissen, dass Farben unterschiedlich auf unser vegetatives Nervensystem wirken. Die Farben der Natur lösen bei allen Menschen dieselben vegetativen Reaktionen im Körper aus; so aktiviert zum Beispiel ein leuchtendes Rot, während ein tiefes Blau beruhigt.

Sie gehen in diesem PDM-Trainingserlebnis durch verschiedene Räume. Der erste Raum ist rot. Die weiteren sind – den Regenbogenfarben entsprechend – orange, dann gelb, grün, blau und violett. Diese Vorstellungen sind für manche schwierig und werden erst nach und nach gut funktionieren. Sie können sich helfen, indem Sie die Räume in der Fantasie mit verschiedenen Einrichtungsgegenständen ausstatten: mit roten Vorhängen, einem grünen Sofa, einem blauen Teppich etc.

Sie werden in dem PDM-Trainingserlebnis zu einem kleinen See geführt, in den ein Wasserfall fließt. Wenn Sie auf all das vorbereitet sind, was Sie in dem PDM-Trainingserlebnis fühlen werden, funktioniert die Konzentration leichter.

Das PDM-Trainingserlebnis führt Sie weiter: Auf einer Lichtung sehen Sie Männer und Frauen, die einander gegenüberstehen und nackt in der Sonne baden.

Bei der Vorstellung, dass sich weißes Licht in Ihrem Körper ausbreitet und diesen ganz erhellt, können Sie empfinden, dass Sie selbst ganz weiß erscheinen. Man kann mit dieser Technik die Zentren in unserem Gehirn hemmen, die unsere körperlichen Grenzen repräsentieren. Alles wird frei und weit. Wir spüren unsere Grenzen nicht mehr und können uns ganz ausdehnen. Dabei wird der DHEA- (Dehydroepiandrosteron-) Spiegel im Körper deutlich erhöht. (Laut manchen Studien über „durch Konzentration gewonnene Vorstellungen" erhöht sich der DHEA-Spiegel um 100 Prozent.)

Das DHEA fördert die Regeneration des Körpers, wenn Sie sich immer wieder vorstellen, dass sich weißes Licht in Ihrem Körper ausbreitet und den Körper zum Leuchten bringt. Probieren Sie es gleich aus.

INFO:
Das Hormon DHEA

Das DHEA ist das sogenannte Jugendhormon, das bei der Erneuerung der Zellen und der Regeneration des Körpers ausgeschüttet wird. Es ist der Grundbaustein vieler anderer Hormone und wird oft als „Mutter der Hormone" bezeichnet. DHEA wird morgens ausgeschüttet, wenn wir wach werden. Es kurbelt die Produktion der Hormone an. Es wird im Laufe des Tages verbraucht und verschwindet fast gänzlich, wenn abends die schlaffördernde Melatoninproduktion einsetzt. Neben diesem Jungbrunneneffekt soll es eine wahre „Wunderwaffe" bei der Behandlung einer Vielzahl von Symptomen und Krankheiten sein. Das DHEA ist der Gegenspieler zum Cortison, das bei Stress ausgeschüttet wird. Mehr als 50 Prozent der Menschen, die unter schweren Depressionen leiden, haben einen erhöhten Cortisonspiegel. Zu viel an Cortison laugt uns aus und drückt auf unsere Stimmung.

VORÜBUNG ZUM TRAININGSERLEBNIS „ENTSPANNUNG"

Mein Kopf ist frei und weit, frei und weit.
Sie spüren jetzt, wie die Wahrnehmung Ihres Kopfes sich ausdehnt.
Frei und weit. Wiederholen Sie diese Worte immer wieder,
wie ein rhythmisches Gebet, bis Sie empfinden, dass sich Ihr Kopf ausdehnt.

Sie spüren dabei, wie Ihr Kopf frei und weit wird,
Ihr Kopf ist frei und weit. Frei und weit.
Stellen Sie sich jetzt vor, wie weißes Licht von oben
in Sie einfließt. Wie Wasser fließt es in Ihren Körper,
füllt langsam die Füße, die Waden, die Knie,
die Oberschenkel, das Becken, den Bauch,
die Brust, die Arme und schwappt oben im Kopf
wieder in den einfließenden Lichtstrahl.
Sie sehen sich jetzt selbst im weißen Licht stehen
und strahlen. Sie dehnen sich wie ein Lichtball aus,
immer weiter, über den Ort hinaus, an dem Sie sich befinden,
Sie dehnen Ihr Licht über das ganze Land aus,
und wenn Sie wollen, bis in das gesamte Universum!

Trainieren Sie diese Übung immer wieder! Sie ist ein wahrer Jung-brunnen.

Riechen Sie jetzt an Ihrem Lesezeichen!

Lesen Sie das folgende PDM-Trainingserlebnis. Lesen Sie die ein-zelnen Sätze so oft, bis Sie sich die Bilder gut vorstellen können. Vielleicht kennen Sie diese Technik auch schon aus dem autoge-nen Training. Fühlen Sie sich ganz hinein. Es ist dabei gleichgül-tig, ob Sie die angesprochenen Bilder ganz genau vor sich sehen oder ob Sie eventuell nur die Dufterinnerungen abrufen können. Fühlen Sie einfach mit, so wie Sie das als Kind beim Märchen-lesen gemacht haben.

PDM-TRAININGSERLEBNIS „ENTSPANNUNG"

Ich mache es mir bequem, bequem und behaglich.
Mein Körper und meine Gedanken kommen zur Ruhe.
Alles ist ruhig, ich bin ganz ruhig.

Ich schließe meine Augen oder blicke in die Ferne,
ich bin ganz ruhig.
Ich beobachte meinen Atem
und spüre, wie mein Atem kommt und geht.
Die Luft durchströmt meine Lungen,
alles fließt – ich atme ein und aus.

Es ist alles gut. Jetzt ist alles gut.

Während mein Atem kommt und geht,
lasse ich ihn tiefer werden,
ruhiger werden.
Meine Atmung wird immer ruhiger, immer tiefer.
Immer mehr Stille macht sich in mir breit,
Ruhe, Stille und Frieden.

Wie ein Blatt sinke ich behutsam
tiefer und tiefer in mich hinein.

Alles ist gut! Jetzt ist alles gut.

Ich spüre die Ruhe in mir.

Vor meinem inneren Auge sehe ich einen wundervollen Ort ent-
stehen.
Einen herrlichen Ort der Kraft und Harmonie.

Ich sehe antike Bauten, einen strahlend blauen Himmel.
Zu diesem Ort führen Wege, ich sehe Wiesen und Blumen.

Mit leichten Schritten begebe ich mich zu diesem Ort.
Der Duft der Wiesen und der Blumen macht die Luft rein und klar.

Mein Kopf ist ganz frei und weit – frei und weit.

Ich gehe diesen Weg entlang.
Wunderbare Gebäude strahlen Sicherheit und Geborgenheit aus.
Es duftet nach verschiedenen Ölen und Kräutern.
Hinter dem Ort ragt ein Hügel auf, auf dem ein herrlicher Tempel aus Kristall steht.
Der Tempel erstrahlt in hellem Licht.
Ich gehe hinauf auf diesen Hügel, hin zu diesem Tempel.

Ich erreiche das Tor. Auf einer Tafel sehe ich, dass dieser Tempel Tausende Jahre alt ist.
Ich drehe mich um und schaue von diesem Tempel ins Tal.

Der Blick ist ganz weit.
Mein Kopf ist frei und weit.
Frei und weit.

Ich gehe in den strahlend hellen Tempel und tauche ein in dieses helle, weiße Licht.
Eine tiefe innere Ruhe erfüllt mich.
Ich sehe einen wundervollen Gang mit sehr vielen Türen.
Auf all diesen Türen stehen Namen.
Ich gehe die Türen entlang und entdecke plötzlich meinen Namen.

Ich freue mich und mache die Tür auf.

Der Raum ist ganz rot.
Die Wände, die Vorhänge, die Möbel – alles ist rot.
Die Teppiche sind rot.
Ich betrete diesen Raum und tauche ganz ein in die Farbe ROT.
Alles ist rot.
Ich bin vollständig erfüllt von der Farbe ROT.

Ich gehe weiter. Jetzt fällt mein Blick auf einen anderen Raum.

Der Raum ist orange.
Die Wände, die Vorhänge, die Möbel – alles ist orange. Die Teppiche sind orange.
Ich betrete diesen Raum und tauche ganz ein in die Farbe ORANGE.
Alles ist orange.
Ich bin vollständig erfüllt von der Farbe ORANGE.

Ich gehe weiter. Jetzt fällt mein Blick auf einen anderen Raum.
Der Raum ist gelb.
Die Wände, die Vorhänge, die Möbel – alles ist gelb. Die Teppiche sind gelb.
Ich betrete diesen Raum und tauche ganz ein in die Farbe GELB.
Alles ist gelb.
Ich bin vollständig erfüllt von der Farbe GELB.

Ich gehe weiter. Jetzt fällt mein Blick auf einen anderen Raum.
Der Raum ist grün.
Die Wände, die Vorhänge, die Möbel – alles ist grün. Die Teppiche sind grün.
Ich betrete diesen Raum und tauche ganz ein in die Farbe GRÜN.
Alles ist grün.
Ich bin vollständig erfüllt von der Farbe GRÜN.

Ich gehe weiter. Jetzt fällt mein Blick auf einen anderen Raum.
Der Raum ist blau.
Die Wände, die Vorhänge, die Möbel – alles ist blau. Die Teppiche sind blau.
Ich betrete diesen Raum und tauche ganz ein in die Farbe BLAU.
Alles ist blau.
Ich bin vollständig erfüllt von der Farbe BLAU.

Ich gehe weiter. Jetzt fällt mein Blick auf einen anderen Raum.
Der Raum ist violett.

Die Wände, die Vorhänge, die Möbel – alles ist violett. Die Teppiche sind violett.
Ich betrete diesen Raum und tauche ganz ein in die Farbe VIOLETT.
Alles ist violett.
Ich bin vollständig erfüllt von der Farbe VIOLETT.

Eine tiefe innere Ruhe erfüllt mich.
Irgendwoher höre ich in der Ferne Wasser rauschen,
immer deutlicher höre ich das Rauschen und Plätschern des Wasserfalls.
Ich verlasse den Tempel und sehe auch schon das Glitzern des Wassers.
Ein schmaler erdiger Pfad führt durch einen Wald hinunter zum Fluss.
Ich ziehe mich aus und gehe nackt den Pfad entlang.
Jeder Schritt taucht meine Füße in die warme weiche Erde.
Bei jeder Bewegung spüre ich meinen nackten Körper,
anmutig, frei und geschmeidig.
Ich rieche den Duft dieses Ortes,
rieche die Erde, die Bäume und die Gräser.
Ich höre Blätter rauschen, Vögel singen
und lausche dem Wasserfall,
spüre die warme Sonne meine Haut streicheln
und den sanften Wind.
Am Fuße des Wasserfalles hat sich ein klarer, warmer See gebildet.
Der See scheint sich zu öffnen, als wolle er mich einlassen.
Ich berühre das wohlig warme Wasser und steige hinein.
Ich spüre das Wasser mit meinem ganzen Körper,
genieße, wie es mich vollkommen umhüllt.
Ich halte den Atem an, tauche ganz unter und tauche wieder auf.
Ich hole tief Luft und spüre, wie die Luft mich durchdringt.
Ich bade in dem klaren See und spüre, wie das Wasser mich reinigt und erfrischt.

Es löst alles auf, was nicht zu mir gehört.
Ich tauche ganz ein und spüre immer mehr Leichtigkeit, immer mehr Freiheit.
Klarheit, Frische und Leichtigkeit.
Das Wasser verjüngt und erfrischt mich.

Und während ich dieses Bad genieße, sehe ich eine helle Lichtung.
Die Sonne glänzt im saftigen Grün.
Dort stehen Frauen und Männer einander nackt gegenüber.
Sie stehen nackt in der Sonne und baden im hellen, weißen Licht.

Langsam beende ich mein Bad und steige aus dem Wasser.
Wasserperlen funkeln und glitzern auf meiner Haut.
Neugierig betrachte ich die Menschen.
Auch ich nehme den Platz vor meinem Gegenüber ein.
Ich nehme den Platz ein, die Sonne wärmt unsere Körper.
Wir stehen einander gegenüber und helles, weißes Licht umgibt uns.
Alles fließt darin wie in einem Fluss.
Auch in meinem Körper entsteht ein Licht.
Dieses Licht breitet sich in Wellen aus, erleuchtet den ganzen Körper.
Es dringt durch die Haut ins Freie und verschmilzt mit der Lichtquelle von außen.
Beide Lichter durchdringen sich und werden eins, verschmelzen zu einem Licht.
Ich bin ganz bewusst eins mit dem Licht,
eins mit dem Licht.
In dieser Einheit werden meine Gedanken ganz weit,
mein Denken öffnet sich ganz weit,
ich bin frei und weit – frei und weit,
ganz frei und weit.

Meine Haut ist warm und weich.

*Ich genieße nun ganz bewusst meinen wunderbaren Körper.
Dankbarkeit erfüllt mich, wenn ich jetzt an meinen Körper
denke.*

*Ich bleibe in dieser Gewissheit und Freude,
während ich behutsam wieder zurückkehre ins Hier und Jetzt.*

*Wann immer ich möchte, öffne ich meine Augen
und bin wieder ganz bewusst im Hier und Jetzt.*

Nebenbei gesagt: Sobald Sie lachen und fröhlich sind, sind ausschließlich aufbauende elektrische und chemische Prozesse in Ihrem Körper am Ruder und stärken die inneren Erinnerungsbilder in Ihnen, die Sie lachen lassen. Lachen Sie, so oft es geht. Finden Sie immer auch die leichten Seiten des Lebens.

INFO:
Wassertrinken

Das Psychodynamische Modelltraining können Sie auch mit dem Essen von „Glücklichmachern" unterstützen. Am besten sollten Sie schon jetzt beginnen, Ihren Körper reichlich mit Wasser zu versorgen, denn Ihr Gehirn braucht Wasser, um leistungsfähig zu sein. Zur Erklärung: Vergleicht man das Hirn mit einem Motor, so sind der Blutzucker der Treibstoff, pflanzliche Fette das Schmiermittel und Wasser das Kühlmittel. Letzteres macht Denken leichter.
Auch die Nervenzellen sind in eine Flüssigkeit gebettet, über die dem Körper pausenlos – auch über das Vorhandensein der Glücklich- oder Unglücklichmacher – Auskunft gegeben wird. Damit das Nachrichtensystem reibungslos funktionieren kann, muss sich der Körper im Gleichgewicht befinden. Und das Aktivieren von Glücklichmachern braucht vor allem Wasser. Die empfohlene Faustregel beim Trinken von Wasser heißt:

Körpergewicht in Kilogramm mal 0,03 Liter Wasser am Tag trinken. Bei 70 Kilogramm sind das 2,1 Liter (Mineral-)Wasser am Tag. Und für jede Tasse Kaffee, Tee oder jedes Glas Saft oder Wein, die Sie trinken, trinken Sie ein weiteres Glas Wasser zu der oben angegebenen Menge dazu. Sie haben genug Wasser getrunken, wenn Ihr Urin hellgelb und durchsichtig ist.

SPIELERISCH RAUCHFREI

Diese Glücksgefühle, die man durch PDM erleben kann, können im Fall eines Rauchers die Entzugserscheinungen tilgen. Die geführten Geschichten bewirken ein Genussfähigkeitstraining. PDM stillt also mit diesen einfachen suggestiven Techniken die Bedürfnisse des Rauchers. Einzigartig ist, dass bei dieser Methode niemals über Suchtverhalten geredet wird. Was wohl thematisiert wird: Raucher wollen sich über die Zigarette Wohlbefinden verschaffen. Genau dort knüpft PDM an und setzt anstelle der chemischen Effekte durch eine Zigarette natürliche Botenstoffausschüttungen durch innere Bilder. Eines dieser Bilder etwa ist, dass man an der Mutterbrust saugt und umso mehr süßen Brei bekommt, je intensiver man saugt.

SO SCHLÜPFEN SIE IN IHRE NEUE ROLLE

Der erste Schritt des Psychodynamischen Modelltrainings besteht also – in der Tradition jahrtausendealter Entspannungstechniken – darin, die Aufmerksamkeit nach innen zu lenken. Man zieht sich dabei aus der äußeren Welt zurück. Das gelingt am leichtesten, wenn man eine bestimmte Position einnimmt und den eigenen Atem beobachtet.

Sitzen Sie aufrecht, beide Füße am Boden, die Hände entspannt im Schoß, oder, wenn Sie es gewohnt sind, nehmen Sie die

Schneidersitzposition ein. Legen Sie sich bitte nicht hin, da dies oft eine unbewusste Aufforderung zur totalen Entspannung ist, bei der Sie leicht einschlafen könnten, und das sollten Sie beim Psychodynamischen Modelltraining vermeiden.

Nun schließen Sie die Augen oder – wenn Ihnen das lieber ist – lassen Sie sie geöffnet und blicken nur „innerlich" in die Ferne.

Konzentrieren Sie sich auf Ihren Atem. Verändern Sie nichts an Ihrer Atemtechnik, beobachten Sie einfach nur Ihren Atem, verfolgen Sie, wie die Luft durch Ihren Körper strömt.

Im zweiten Schritt stellen Sie sich die Inhalte der PDM-Trainingserlebnisse so vor, wie Sie sich als Kind Märchen vorgestellt haben. Intensiv, mit ganzer Hingabe, als Teilhaber des Geschehens. Gehen Sie förmlich in die PDM-Trainingserlebnisse hinein. Lassen Sie andere, vielleicht einschränkende Gedanken vorbeiziehen. Sie enthalten nur Symbole, auf die das Unbewusste mit entsprechenden Hormonausschüttungen reagiert. Konzentrieren Sie sich lediglich auf das PDM-Erlebnis. Die Texte stehen alle in der Ich-Form. Das soll eine Hilfe sein, sie sinnlich zu erleben. Ihrem Unbewussten ist es egal, ob Sie die Gefühle in der Realität erleben oder ob die Gefühle nur Ihren Gehirnwindungen entspringen. Und so werden die entsprechenden Hormone ausgeschüttet und Ihre Gefühle und Ihre innere Bilderlandschaft positiv verändert.

Jeder Mensch ist in der Lage, sich Welten beliebig auszudenken. Auch solche, die physikalischen Gesetzen widersprechen. Jeder Mensch kann sich bewusst, also mit seinen Gedanken, etwas vorstellen und dabei Gefühle verspüren.

TIPP:
Hören und erleben Sie die psychodynamischen Trainingserlebnisse wie Märchen. Sie können dabei ruhig die inneren Standorte wechseln. So betrachten Sie einmal die Situation durch die Augen des Königs und ein anderes Mal lassen Sie sich darauf ein, wie der König wohl von anderen wahrgenommen wird.

Lesen Sie jetzt bitte das Trainingserlebnis „Entschlossenheit" auf Seite 131 ff.

MERKE:

Trainieren Sie ausschließlich die PDM-Trainingserlebnisse. Entwickeln Sie bitte keine eigenen Modelle oder Ziele ohne professionelle Hilfe von außen (tiefenpsychologisch geschulte Psychotherapeutinnen oder Psychotherapeuten). Wie Sie wissen, sind alle Modelle und Ziele, die wir selbst entwickeln, durch unsere persönliche Lebensgeschichte geprägt und unbewusst. Fehlleitende Trainingserlebnisse können in Neurosen treiben. Wir geben daher fixierte Rollen vor!

Die Macht der inneren Bilder

Was sind nun diese inneren Bilder, die eine Ausschüttung von Glückshormonen anregen können?

Innere Bilder sind – wissenschaftlich betrachtet – Verschaltungsmuster von Nervenzellen im Gehirn, die sich einmal herausgebildet haben und auf die man später zurückgreifen kann, wenn sie verankert wurden. Entscheidend, ob ein inneres Bild abgespeichert wird oder nicht, ist die Emotionalität.

Fakten, rationale Dinge, werden in der linken Gehirnhälfte im Langzeitgedächtnis gespeichert. Dort sind sie auch bewusst abrufbar. Emotionen, Ereignisse, die uns mit allen Sinnen berühren, sind in der rechten Gehirnhälfte abgelegt, und zwar bildhaft. Sie befinden sich am vorderen Frontallappen im Unbewussten. Man kann sie aber aktivieren. Etwa wenn man seinen letzten Urlaub noch einmal Revue passieren lässt, reagiert der Körper mit Anzeichen von Entspannung oder ruhigerer Atmung. Das, was wir uns im Geiste vorstellen, kann unseren Körper also genauso intensiv aktivieren, als ob man körperlich etwas unternimmt.

Neuere Ergebnisse der Hirnforschung belegen sogar: Beschäftigen wir uns mit angenehmen Dingen, dann werden die Kontaktstellen im Gehirn, die dafür zuständig sind, leistungsfähiger.

Innere Bilder sind also im Gehirn abgespeicherte Muster, die wir benutzen, um uns in der Welt zurechtzufinden. Wir brauchen diese Bilder, um Handlungen zu planen oder auf Bedrohungen zu reagieren. Aufgrund dieser inneren Bilder erscheint uns etwas schön oder hässlich. Innere Bilder sind maßgeblich dafür, wie und wofür wir unser Gehirn benutzen.

Unsere ersten inneren Bilder entstehen in der Kindheit durch unsere Bezugspersonen. Indem wir ihr Verhalten registrieren und abspeichern, lernen wir zukünftiges Verhalten. Wie wir im Leben reagieren, entsteht also durch die Eindrücke unseres Gegenübers. So wird ein Kind, wenn es sich verletzt, auf dem Gesicht der Mutter Schrecken und Schmerz sehen. Es weiß nun, dass es sich wehgetan hat und wird beim nächsten Mal auch mit Schreck und einem Schmerzenslaut reagieren.

Das Entstehen neuer innerer Bilder ist kein statischer Prozess. Man kann also nicht – wie in einem Fotoalbum – einfach immer neue Bilder dazukleben, während die alten unverändert an ihrem Ort bleiben. Im Gehirn ist das Entstehen von Bildern ein dynamischer Prozess.

MERKE:

Neue innere Bilder verändern alte, und alte Bilder verändern neue. Und mit diesen inneren Bildern kann man arbeiten. Mit ihrer Hilfe kann man Botenstoffe ausschütten und bestimmte Hormone aktivieren. Eine wichtige Technik, um rauchfrei zu bleiben!

SO „MALEN" SIE POSITIVE INNERE BILDER

Wie ein inneres Bild bewertet wird, hängt von unseren Gedanken und Gefühlen zu dem Bild ab. Probieren Sie es mal an einem Beispiel. Betrachten Sie das folgende Bild und schreiben Sie in Stichworten auf, was Ihnen dazu einfällt. Etwa: Sommer, Erdbeergeschmack, klebrige Hände etc.

Beim Anblick von „Eis" werden alle Regionen in Ihrem Gehirn gereizt, die zum

Thema „Eis" etwas sagen. Alle inneren Bilder, die Sie in Ihrem Leben zum Thema Eis gespeichert haben, sind jetzt aktiv. Der Reiz „Eis" zupft gleichsam alle Saiten im Gehirn an und diese schwingen synchron wie ein Orchester. Das Gehirn reagiert auf einen Reiz nämlich mit seiner gesamten Architektur und der inneren Bilderlandschaft fast zur gleichen Zeit. Jetzt kann der Verstand die schwingenden Saiten abwandern, und es fallen ihm dabei verschiedene Inhalte ein, die ihm zum Thema Eis bekannt sind.

Riechen Sie bitte am Lesezeichen!

Das Gehirn hat also die Fähigkeit, alle Abbildungen, die mit einem bestimmten Reiz zu tun haben, gleichzeitig abzurufen. Noch ein Beispiel. Betrachten wir das Bild des früheren Papstes Johannes Paul II. Niemand wird beim Anblick des Bildes sagen: Das ist ein alter Mann, der spricht, der rotgold gekleidet ist und vorliest. Vielmehr haben wir im Gehirn die Inhalte aller Abbildungen aktiviert, die mit Papst Johannes Paul II. zu tun haben. Wie Saiteninstrumente schwingen sie in unseren Köpfen. Wir können mit unserem Verstand quasi zur gleichen Zeit all das abtasten und nachsehen, was uns zu diesem Papst einfällt. Das, was uns einfällt, ist aber von unserer subjektiven inneren Erinnerungswelt abhängig: dass er gestorben ist, dass er ein Attentat überlebt hat, dass er – obwohl in seinem hohen Alter schwach und krank – immer noch gepredigt hat, dass er politisch tätig und seinem Herkunftsland verbunden war und Ähnliches.

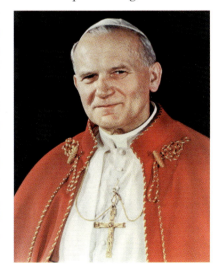

Alle Inhalte, die wir – bewusst oder unbewusst – zum Thema dieses Papstes in uns abgebildet haben, sind zugleich aktiviert, „benachbarte" Bilder sind mitassoziiert.

Die Entwicklungsneurologin Lislott Ruf-Bächtiger hat die Abbildungen im Gehirn, diese miteinander verbundenen Nervenbahnen, mit einem Eisenbahnnetz verglichen. Für unterschiedliche Reize und Reizleitungen werden gleiche Bahnhöfe verwendet; für unterschiedliche Wege der Reizleitungen gleiche Schienenabschnitte, die aber durch unterschiedliche Weichenstellungen wieder getrennt werden.

Durch das Psychodynamische Modelltraining bauen wir im Gehirn ein neues und vielfältiges Netz auf.

INFO:
Reize im Gehirn

Dieses Zupfen der Saiten löst die Aktivierung verschiedener Erinnerungsbilder aus und setzt entsprechende Nachrichtensysteme im Gehirn in Gang. Das passiert nicht nur beabsichtigt, sondern ständig und unbewusst. Auch während wir schlafen, ist dieser Prozess im Gange.

Im Gehirn befindet sich ein Wächter, der dafür sorgt, dass Wahrnehmungen (Reize) entweder unbewusst bleiben oder sie in den Verstand führt, wenn das notwendig ist. Pro Sekunde treffen 400 Milliarden Reize auf uns. Den Verstand erreichen nur 2000 davon. Dafür sorgt der Wächter, da wir dieser intensiven Reizüberflutung sonst nicht gewachsen wären.

Quietscht zum Beispiel in der Nacht eine Tür, erkennt unser Wächter, ob nur unsere Katze hereingekommen ist – dann lässt er uns weiterschlafen, oder ob das Geräusch fremd und vielleicht gefährlich ist – dann weckt er uns auf.

52

POSITIVE GEDANKEN HEILEN, NEGATIVE TUN UNS NICHT GUT

Natürlich wollen wir alle viel mehr schöne innere Bilder haben als negative. Und das können wir steuern. Positive Gedanken vermehren die Lustmuster des Gehirns anhaltend. Sie beeinflussen die Wahrnehmungen positiv, indem sie die angenehmen inneren Bilder vermehren. Hormonelle und emotionale Vorgänge werden von den inneren Bildern unserer Erfahrungen deutlich geprägt. Es geht in diesem Zusammenhang nicht um „positives Denken", das schlechte Ereignisse also nur positiv darzustellen scheint, sondern es handelt sich um das Bergen positiver Grundmuster in der eigenen Bilderwelt.

Bildlich ausgedrückt: Die bewussten Gedanken können wie die Zwiebel einer Blume und das Leben wie die Blume selbst verstanden werden. Wer im Frühling Krokus, Tulpen und Narzissen in seinem Garten sehen will, muss im Herbst die richtigen Zwiebeln setzen.

Riechen Sie bitte am Lesezeichen!

Umgekehrt schaden uns negative Bilder. So verschafft es etwa einem Raucher schlechte Gefühle, wenn er davon ausgeht, dass seine Lunge schwarz ist, dass er nur schwer atmen kann und wahrscheinlich krank wird. Alle Erinnerungsbilder im Gehirn sind zu den einzelnen Gedanken neuronal aktiv. Alle Bilder zur schwarzen Lunge sind aktiv, er fühlt sich schlecht. Fühlen Rauchende sich schlecht, greifen sie unbewusst zur Zigarette. Das Gehirn weiß, dass die Zigarette chemisch „gute Gefühle" erzeugt, und es weiß auch, dass derjenige, der sich „schlecht" fühlt, sie deswegen braucht. Doch es geht dem Raucher nur vermeintlich besser. Tatsächlich belastet er seine Lunge weiter, sie wird schwärzer, seine Atmung schwerer. Das ist kein magischer Prozess, sondern ein neuropsychologisch gut erklärbares Phänomen.

Das auch in anderen Lebenssituationen gilt. Denkt etwa ein Motorradfahrer ständig an einen Unfall, wird er ihn verursachen. Seine Wahrnehmung ist auf Unfall eingestellt. Sieht er einen Stein auf der Straße, fixiert er ihn mit den Augen und denkt: „Bloß nicht drüberfahren!" Und genau dann fährt er treffsicher auf diesen Stein zu.

Was passiert dabei im Gehirn?

Die Nervenzellen im Gehirn reagieren auf Signalreize. Wenn wir sagen: „Kein Bier!", werden alle mit Bier verbundenen Erinnerungsbilder aktiviert. Trinkt jemand gerne Bier, werden in ihm alle Erinnerungen an ein für ihn gutes Bier geweckt, und er will sofort eines trinken.

Im gegebenen Raucherbeispiel ist es deshalb besser, sich die Lunge rosa vorzustellen. Mögen auch schwarze Flecken darauf sein: Unser Ziel ist eine rosarote und gesunde Lunge! Deshalb konzentrieren wir uns auf die rosaroten Stellen der Lunge. Denn wohin man seine Aufmerksamkeit lenkt, richtet das Unbewusste den ganzen Körper aus. Dann nämlich „feuern" jene Erinnerungsbilder, die mit dem vollkommen gesunden Körper zu tun haben, und stellen das Verhalten darauf ein. Alle Erinnerungsbilder zur Gesundheit werden damit aktiviert.

Setzen Sie im Gehirn also genau das ein, was Sie erreichen wollen! Ihr Unbewusstes erledigt den Rest.

Probieren Sie es mit dem PDM-Trainingserlebnis „Gesunde Organe" aus. Lesen Sie dazu bitte Seite 135 ff.

Je mehr Zeit ich mit angenehmen und lustvollen Bildern verbringe, umso lustvoller nehme ich mein Leben wahr. Je mehr Zeit ich mit unangenehmen und schmerzvollen Bildern verbringe, desto schwerer erfahre ich mein Leben.

Riechen Sie bitte am Lesezeichen!

Gemeinerweise verändern angstvolle und traumatisierende Erfahrungen die Erinnerungsbilder jedoch leichter und intensiver als lustvolle Erlebnisse. Das Dopamin erzeugende System wird umso stärker aktiviert, je größer im Gehirn die Entspannung nach einer Unruhe ist. Nach großer Angst ist im Gehirn die Beruhigung größer als nach einem weniger angstvollen Erlebnis.

Dopamin wirkt im Gehirn gleichsam als „Weichmacher" (siehe Hüther), denn bei großer Beruhigung ist die Dopamin-Aktivierung größer und das Gehirn weicher. Die Bahn kann daher leichter „eingebügelt" werden und ist damit auch tiefer.

INFO:

Der Neurowissenschaftler Dr. Joseph E. LeDoux von der Universität New York hat herausgefunden, dass die Spur der Angst im emotionalen Gehirn unauslöschlich vorhanden bleibt. Ratten verhalten sich nur so lange so, „als ob" sie keine Angst hätten, wie der präfrontale Kortex die automatische Reaktion des emotionalen Gehirns aktiv blockiert. Sobald die Kontrolle nachlässt, gewinnt die Angst wieder die Oberhand, auch nach einer Therapie. LeDoux spricht von der Unauslöschlichkeit emotionaler Erinnerungen.

Die vier menschlichen Fähigkeiten und wie sie bei der Rauchentwöhnung helfen

Wie wir jetzt wissen, sind innere Bilder im Gehirn abgespeicherte Muster, die wir benutzen, um uns in der Welt zurechtzufinden. Diese Bilder verkörpern auch unsere seelischen Häuser oder unsere vier seelischen Fähigkeiten. Mit PDM kann ich lernen, diese Fähigkeiten zu stärken und bestimmte Botenstoffe beziehungsweise Hormone auszuschütten. Das ist entscheidend, um den Stoffwechsel während der Rauchentwöhnung zu normalisieren und die Entzugserscheinungen zu bekämpfen.

DIE FÄHIGKEIT, AUFMERKSAMKEIT AUF JEMAND ANDEREN RICHTEN ZU KÖNNEN

Das hierzu nötige Fundament wird in der Schwangerschaft, während der Geburt und in den ersten drei Lebensmonaten gelegt und wir bauen ein Leben lang darauf auf. Wie dieses Fundament aussieht, hängt in erster Linie von der Mutter ab.

In dieser Phase wird das Acetylcholin trainiert, das direkt an das Hormon der Aufmerksamkeit gekoppelt ist und unsere motorischen Fähigkeiten steuert.

Entscheidend ist, dass wir in diesen Monaten ein erstes Vertrauen fassen, erste Situationen kennenlernen und erste Gefühle wie Hunger bestimmen können. Das ist für das ganze weitere Leben unerlässlich, denn nur wer seine eigenen Bedürfnisse kennt, kann auch die Bedürfnisse anderer erkennen.

INFO:

Das „Good-enough Mother"-Prinzip

Der englische Kinderarzt und Psychoanalytiker Donald Woods Winnicott hat den Begriff „Good-enough Mother" geprägt. Dabei geht es um die nicht völlige Erfüllung aller kindlichen Bedürfnisse durch die nicht „ideale", sondern durch die „Good-enough"-Mutter. Und um das Prinzip von der Notwendigkeit der unvollkommenen Mutter. Das heißt, dass eine Mutter mit klar erkennbarer Persönlichkeit und deutlichen eigenen „Ich-Grenzen" die bessere Partnerin des Säuglings ist als eine perfekte, alle kindlichen Wünsche ohne eigene Grenzangabe erfüllende Hingebende. Die Mutter muss nämlich eine „auch für sich selbst gute Mutter" sein. Der Konflikt der konkurrierenden Bedürfnisse ist für die Entwicklung der Beziehungsfähigkeit des Kindes notwendig und unverzichtbar.

DIE FÄHIGKEIT, ZUFRIEDENHEIT MIT DEM ALLTAG ERLEBEN ZU KÖNNEN

Für diese zentrale Fähigkeit wird das Fundament im ersten Lebensjahr gebaut und ein Leben lang weitergeformt. Ob man als Erwachsener sagen kann: „Mein Tag heute war gut", hängt unmittelbar mit der Befriedigung der Gefühle im ersten Jahr eines Kindes zusammen. Wird ein Kind regelmäßig gewickelt, gestillt und in den Schlaf gewiegt, werden seine zentralen Bedürfnisse befriedigt. Und ihm die Fähigkeit zur Zufriedenheit für sein weiteres Leben mitgegeben.

In dieser Phase wird das serotonine System trainiert.

INFO:

Ein ausgeglichener beziehungsweise leicht erhöhter Serotoninspiegel soll Wohlbefinden und ein Gefühl der Zufriedenheit bewirken, weshalb Serotonin populär als „Glückshormon" bezeichnet wird.

DIE FÄHIGKEIT, SEINEN EIGENEN WERT FÜR DIE GEMEINSCHAFT ERKENNEN ZU KÖNNEN

Dieses Fundament wird im zweiten und dritten Lebensjahr gebaut und das seelische Haus wird ein Leben lang weitergestaltet. In dieser Phase werden sowohl Sprache als auch die motorischen Leistungen ausgebildet. Entscheidend ist aber vor allem, wie wird das Kind ermutigt, seine Dinge zu machen und wie wird es gelobt.

Es ist wichtig, dass Eltern sich über die ersten Schritte ihres Kindes freuen. Ebenso wie über die Blasen- und Darmkontrolle, die ersten Sätze und die ersten Gedanken.

Anerkennung ist ein Lebens-Motor und das dazugehörige System ist das dopaminerge.

INFO:

Das Gehirn verfügt über ein sogenanntes Belohnungssystem, das wesentlich mithilfe des Botenstoffes Dopamin funktioniert. Belohnt wird auf diese Weise zum Beispiel, wer sich durch Lernstoff gekämpft und ihn verstanden hat. Dopamin scheint dabei die Ausschüttung von körpereigenen Opioiden zu stimulieren. Der Dopamin-Effekt lässt sich schon durch Kleinigkeiten fördern, wie etwa durch ein freundliches Wort oder ein nettes Lächeln.

DIE FÄHIGKEIT, SICH ALS MANN BEZIEHUNGSWEISE FRAU IDENTIFIZIEREN ZU KÖNNEN

Wir müssen uns mit einem der zwei Geschlechter identifizieren. Das Fundament dazu entsteht im vierten und fünften Lebensjahr, wenn Kinder die typischen Vater-Mutter-Kind-Spiele unternehmen. In diesem Alter wird auch intensiv beobachtet, wie sich Mama und Papa verhalten, und erkannt, dass wohl das Verhältnis zwischen Mutter und Vater ein anderes ist als etwa zum Nachbarn. In dieser Zeit wird auch das erste Mal Erotik erspürt.

Wichtig für die Identifikation mit dem eigenen Geschlecht ist, dass man seine eigene Meinung aus seiner eigenen Identität heraus fasst, dazu steht und nicht immer hinterfragt.

Das System in dieser Phase ist das norepinephrinerge.

INFO:

Norepinephrin oder auch Noradrenalin erregt, aktiviert, macht uns wach und reaktionsbereit, und wir sind aufmerksamer, motivierter und leistungsbereiter.

Riechen Sie bitte am Lesezeichen!

Lust oder Schmerz? – So kann man den Körperzustand beeinflussen

Wir wissen jetzt, dass unsere inneren Bilder unsere Wahrnehmung beeinflussen. Diese ist also keine reine Abbildung der vorhandenen Wirklichkeit. Sie vollzieht sich vielmehr in einer Wechselwirkung mit inneren Bildern.

Und so reagiert unser Körper dann auch völlig unterschiedlich auf Reize.

Ein Beispiel. Wenn Sie dieses „sssumsumsum" sehen, fällt Ihnen sicher eine Biene ein.

Die elektrischen und chemischen Impulse von „sssumsumsum" führen sofort zu einem Körperzustand, der Lust oder Schmerz ausdrückt. Und zwar abhängig von unserer inneren Bilderlandschaft.

Wer erst kürzlich schmerzhaft gestochen wurde oder gar allergisch auf Bienenstiche ist, wird wahrscheinlich beim Wahrnehmen dieses Geräusches ängstlich zusammenzucken. Wer hingegen Bienen nur als nützliche Insekten erlebt hat und gerne beobachtet, wenn sie von Blume zu Blume fliegen, wird sich darüber freuen.

Der jeweilige Körperzustand regt die entsprechenden Regionen im Gehirn an und wird an der passenden Stelle in der inneren Bilderlandschaft gespeichert. Dieser Vorgang löst entsprechende Gefühle und Gedanken im Bewusstsein aus.

Alles andere im Wahrnehmungs- und Verarbeitungsprozess geschieht unbewusst. Unsere Gedanken und Gefühle sind mit dem Bildschirm eines Computers vergleichbar, der anzeigt, was auf der Festplatte (im Unbewussten) festgehalten wurde.

Den elektrischen und chemischen Prozessen unseres Unbewussten ist es gleichgültig, ob wir nur das Summen gehört haben oder ob die Biene wirklich da war. Das Unbewusste hat immer das Gefühl, die Situation hätte tatsächlich stattgefunden.

Im Detail heißt das:

Es ist der Aktivierung der inneren Bilderlandschaft im Gehirn völlig gleichgültig, ob der Reiz real ist (die Biene fliegt wirklich an mir vorbei), ob der Reiz elektrisch über am Gehirn angebrachte Elektroden stimuliert wird (Klinische Studien belegen, dass bei elektrischer Stimulation des „Hirnzentrums für Trauer" die Versuchsperson den Kopf hängen ließ, ihr Gesicht wurde traurig, Tränen flossen. Im „Verstand" fanden sich Gedanken und Gefühle der Trauer ein. Die Versuchsperson fühlte sich dann tatsächlich lebensmüde.), ob der Reiz chemisch stimuliert wird oder ob der Reiz durch bestimmte Gedanken provoziert wird wie beim Durchführen des PDM-Trainings.

HERR ÜBER SEINEN KÖRPER

Riechen Sie bitte am Lesezeichen!

Das bedeutet also, dass man seinen Körperzustand willentlich beeinflussen kann. Mit einem weiteren Beispiel wird das veranschaulicht.

Denken Sie sich in einen schmerzhaften Zahnarztbesuch. Sie vereinbaren mit dem Arzt, erst dann eine Spritze zu verabreichen, wenn Sie Schmerz fühlen. Sobald Sie jedoch den Bohrer auf sich zukommen sehen, spüren Sie bereits Stress, Unwohlsein, Angst!

Die Gehirnareale reagieren so, als würde der Zahnarzt tatsächlich schon mit dem Bohrer bei einem Ihrer Zähne ansetzen. Die empfundene Angst ist real. Die Botenstoffe sind in Bewegung und melden das Signal „Schmerz". Und so wird er auch empfunden. Er ist jedoch nur in unserem Gehirn entstanden. Das Gehirn hat diese Fähigkeit, um uns vor möglichen Gefahrenquellen zu schützen. Greifen wir etwa in die Nähe einer heißen Herdplatte, zuckt die Hand zurück, als würde sie den Schmerz der Verbrennung bereits fühlen.

Das heißt also, dass man mit seinen gedanklichen Fähigkeiten jederzeit bewusst einen Körperzustand herbeiführen kann. Setzt man seine bewussten Fähigkeiten für lustvolle Körperzustände ein, fördert man aktiv seine Gesundheit. Denn während einer lustvollen chemischen Botenbewegung spürt der Körper vollkommene Gesundheit. Die aufbauenden Boten sind aktiviert, und der Körper regeneriert sich.

Hören wir mit dem Rauchen auf, fehlt auf einmal dem Körper ein künstlicher „Glücklichmacher". Mit dem Einsatz von PDM-Trainingserlebnissen lassen sich Bilder aktivieren, die im Körper eine Botenstoffausschüttung bewirken, die wiederum natürliche „Glücklichmacher" erzeugt. Diese gedankliche Fähigkeit brauchen wir also dringend, wenn wir mit dem Rauchen aufhören.

SELBSTERFAHRUNG:
BILDER VERÄNDERN DEN KÖRPERZUSTAND

Riechen Sie bitte am Lesezeichen!

Anhand von drei Fotos können Sie selbst jetzt erleben, wie sich durch die bloße Betrachtung von Bildern zuerst Ihre Gesichtsmuskulatur – also Ihr Körperzustand – und danach Ihre Gefühle ändern.

Dieses Bild verändert Ihren Körperzustand – allerdings auf unangenehme Weise. Es entstehen Angstbilder in Ihrem Gehirn.

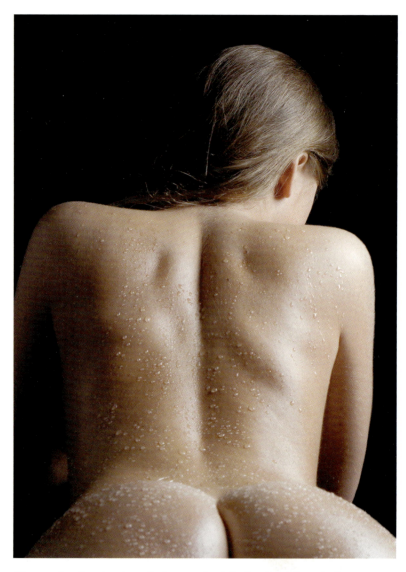

Sie werden beobachtet haben, wie sich Ihr Gesicht wiederum verändert hat. Bei der Betrachtung dieser Bilder entsteht ein Körperzustand der Lust. Das passiert unbewusst in dem Moment, wenn das Bild als Reiz auf Sie trifft.

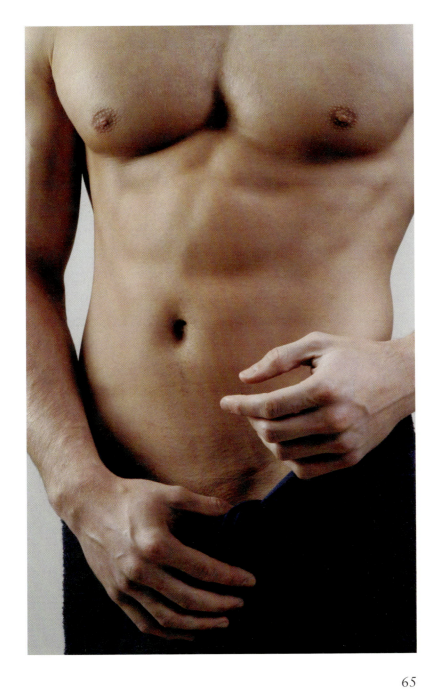

Der Anblick eines jungen Hundes, eines Katzenbabys oder eines Kindes aktiviert in uns Bilder, bei denen das Brutpflegehormon (Oxytocin) ausgeschüttet wird. Das bereitet in uns ein zärtliches Gefühl und zaubert uns ein Lächeln ins Gesicht. Wir sind entspannt und glücklich. Mit solchen Bildern trainieren wir Vernetzungen unserer „zärtlichen Bilder".

DIE POSITIVE GLÜCKSSPIRALE

Eincs hat diese Übung deutlich gemacht: Den besseren Körperzustand erleben wir durch positive Bilder. Mit diesen setzen wir bestimmte chemische Abläufe im Gehirn in Gang und erzeugen somit auch positive Gefühle. Mit jedem positiven Gedanken wird der Umfang der inneren Leitbilder und auch jener der positiven Gefühle und Erlebnisse vergrößert und weiter ausgebaut. In einer Lebenslage, die in unserem Gehirn die negativen Leitbilder stark ausgeprägt hat, können wir mit Gedanken so lange positive Bilder erzeugen und die positiven Grundmuster erweitern, bis sich unser Lebensmittelpunkt wieder in den positiven Bereich verschiebt.

Die inneren Leitbilder werden laufend durch neue Erfahrungswerte abgeändert und ergänzt. Die innere Bilderwelt vergrößert mit angenehmen Gefühlen unsere „angenehme" Landkarte. Auf diese Weise nehmen wir zukünftige Erfahrungen leichter positiv wahr. Und auch damit erweitern sich wiederum die positiven Leitbilder im Gehirn. Das ist die „glückliche Spirale", die wir mit dem Psychodynamischen Modelltraining willentlich in Gang setzen können.

Das beglückt entwickelte Gehirn bevorzugt glückliche Bilder, da die dem Körper das Signal übermitteln, es sei „alles in Ordnung".

Und ist alles in Ordnung, funktionieren die Organe und der ganze Körper optimal. Das lässt uns gesund sein. Es ist daher nur vernünftig und heilsam, sich mit schönen Bildern und Gefühlen zu umgeben: bewusst und willentlich.

Und es ist dafür nie zu spät. Man weiß heute, dass sich die Abbildungen im Gehirn permanent verändern können. Unabhängig vom Alter des Menschen. Es ist also lebenslang möglich, im Gehirn neue „Wege" zu bauen. Die Nervenzellen verknüpfen sich ordnend und sortierend und bilden – bis zum Tod – immer neue Muster und Wege.

INFO:
Kohärenz des Herzrhythmus

Mit dem Einsatz von Gedanken kann man also den Körper steuern. Wie stark das Einfluss auf die Gesundheit haben kann, zeigt eine große Untersuchung, die in London durchgeführt wurde. Dabei haben 6000 leitende Angestellte großer Firmen wie Shell, British Petroleum, Unilever, Hewlett Packard und Hongkong Shanghai Bank Cooperation eine „Schulung zur Kohärenz des Herzrhythmus" (der Herzschlag wurde dabei mittels einer Konzentrationsgeschichte in Einklang gebracht) absolviert. Auch in den USA nahmen mehrere 1000 Personen an ähnlichen Kursen des HeartMath Institutes teil, darunter Angestellte von Motorola und der kalifornischen Staatsregierung. Wie Nachuntersuchungen zeigten, begegnete das Einüben der Kohärenz dem Stress auf drei Ebenen: der körperlichen, der emotionalen und der sozialen.

Nur kurz zu den Ergebnissen auf der körperlichen Ebene: Der Blutdruck war einen Monat nach dem Kurs auf Werte abgesunken, als hätten die Teilnehmer zehn Kilogramm Körpergewicht abgenommen. Auch das hormonelle Gleichgewicht verbesserte sich erkennbar. Nachdem die Methode einen Monat lang – fünf Tage in der Woche je 30 Minuten – angewandt worden war, hatte sich der Spiegel des DHEA (des sogenannten „Jugendhormons") durchschnittlich um 100 Prozent erhöht. Bei den Teilnehmern war der Blutwert des bei Stress ausgeschütteten Cortisons um 23 Prozent gesunken. Körperliche Verspannungen gingen binnen sechs Wochen von 41 auf 15 Prozent zurück, in drei Monaten sogar auf 6 Prozent. Schlaflosigkeit sank von 43 auf 6 Prozent, Rückenschmerzen verringerten sich von 30 auf 6 Prozent.

Auch Sie können das mithilfe des PDM-Trainings leisten!

Das Straßensystem im Gehirn

Will man mit dem Rauchen nach Braindesign aufhören, muss das Gehirn umlernen. Es müssen sich neue Verbindungen zwischen den Nervenzellen bilden, die „glückliche" Hormone aktivieren, um die Lücke des vermeintlich glücklich machenden Nikotins zu schließen. Um das zu verstehen, ist es hilfreich zu wissen, wie Lernen funktioniert.

SO LERNT DAS GEHIRN

Entscheidend für jeden Lernprozess sind die Grundbausteine des Gehirns, die Nervenzellen oder Neuronen. Das Gehirn besteht aus 100 Milliarden Nervenzellen. Wichtig für die Funktion des Gehirns sind aber vor allem die Verbindungen zwischen den Nervenzellen – die Axone und Dendriten.

Neuronen sind darauf spezialisiert, Signale zu leiten und zu verarbeiten. Bestimmte Fortsätze, die Dendriten, übertragen Eingangssignale auf den Zellkörper. Der erzeugt daraufhin Ausgangssignale, die über ein oft weit verzweigtes „Kabel", das sogenannte Axon, weitergeleitet werden. Am Ende der axonalen Verzweigungen stellt die Synapse den Kontakt zu anderen Neuronen her.

All das, was mit Lernen oder Gehirnentwicklung zu tun hat, beruht auf dem Wachstum beziehungsweise den Veränderungen dieser Verbindungen zwischen den Nervenzellen. So startet ein Neugeborenes mit 100 Milliarden Neuronen, die aber noch klein und wenig vernetzt sind. Dementsprechend beträgt das Gewicht seines Gehirns nur ein Viertel von dem eines Erwachsenen. In den ersten drei Lebensjahren nimmt die Zahl der Synapsen rasant zu. Verbunden mit diesem rasanten Wachstum von Synapsen ist eine rasche Gewichtszunahme des Gehirns. Das eines Erwachsenen wiegt dann auch 1500 Gramm. Ein Kilo davon entfällt auf die entstandenen Verästelungen.

INFO:
Aufbau und Funktion einer Nervenzelle
Sie besteht aus einem Zellkörper, der für die Informationsverarbeitung zuständig ist. An diesem Zellkörper befinden sich zwei Arten von Fortsätzen: Einerseits viele Dendriten, die für die Informationsaufnahme sorgen, und andererseits das Axon, das für die Informationsweiterleitung sorgt. Die Synapse ist schließlich verantwortlich für die Informationsübertragung.

Immer wenn nun die Summe der Eingangssignale einen bestimmten Schwellenwert überschreitet, sendet die Zelle ein Ausgangssignal. Je stärker die Erregung im Axon ist, desto mehr Moleküle einer Überträgersubstanz werden von der Synapse ausgeschüttet. Der Überträgerstoff (Neurotransmitter) wandert zur Zielzelle.

Riechen Sie bitte am Lesezeichen!

DIE NETZWERKE DER ERINNERUNG

Sind miteinander verbundene Zellen gemeinsam aktiv, verstärken sich die Synapsen. So aktiviert das Lernen immer wieder eine Anzahl miteinander verknüpfter Zellen. Deren Verbindung verstärkt sich nach und nach, „neuronale Netzwerke" entstehen.

Je öfter sich der synaptische Lernprozess wiederholt, desto leichter lässt sich dieses „Netzwerk" aktivieren. Und dieses Lernen hinterlässt im menschlichen Gehirn messbare Spuren.

Ebenso wie wiederholtes Verhalten oder Denken. Ein einmalig gemachter Gedanke ist wie eine Spur im Sand. Eine kleine Welle kann sie hinwegspülen. Wenn wir den Gedanken öfter haben oder ein Verhalten wiederholen, lässt sich das mit einem bereits ausgetretenen Pfad vergleichen – er kann zwar wieder zuwachsen, doch behauptet er sich mehr als nur eine Spur im Sand.

Pflegt man immer wieder die gleichen Gedanken und zeigt immer wieder die gleichen Verhaltensweisen, werden die Nervenzellen sich regelrecht zu einer breiten Autobahn entwickeln, die erbarmungslos durch die Landschaft des Bewusstseins ihre Spur schneidet. Nebenstraßen gibt es da keine.

DIE DATEN-AUTOBAHN DER RAUCHER

Kein anderes Suchtgift zwingt einen dazu, sich derart oft damit zu beschäftigen, wie das Rauchen. Zieht man ungefähr 20 Mal an einer Zigarette und raucht 20 Zigaretten am Tag, dann zieht man also 146.000 Mal im Jahr an einer Zigarette. Es gibt nichts im Leben, womit man so oft hantiert.

Das liegt vor allem daran, dass Nikotin den Körper sofort wieder verlässt, wenn eine Zigarette ausgedämpft wurde. Bei Kindern etwa nach zwei Stunden und bei „geübten" Rauchern spätestens nach einer halben Stunde braucht der Körper wieder das Nikotin. Nach 45 Minuten ist der Nikotinspiegel auf ein Viertel gesunken. Das Verlangen nach einer Zigarette ist daher permanent. Es gibt keine Tätigkeit im wachen Leben eines Rauchers, die im Gehirn nicht mit dem Ziehen an einer Zigarette verbunden wäre. Die Nervenzellen, die im Gehirn für das Rauchen einer Zigarette zuständig sind, regeln auch alle anderen Tätigkeiten unseres wachen Seins. So kann man sich vorstellen, wie breit diese Autobahn im Gehirn bereits geworden ist.

Diese Verbindungen im Gehirn zeigen sich sogar substanziell. Jeder Gedanke verändert das Gehirn auch materiell. Bei einem aufgeschnittenen Gehirn kann man erkennen, ob ein Mensch vielfältig dachte und handelte, oder ob er immer das Gleiche tat.

Wird das Gehirn von einer derartigen Autobahn durchschnitten, sind die viel benutzten Verbindungen zwischen den Nervenzellen besonders leitfähig. Was gut funktioniert, wird gerne benutzt. Deshalb will das Gehirn immer wieder auf diese Autobahn umlenken, schließlich ist das Leben auf diese Weise bislang gemeistert worden.

DER BAU NEUER STRASSEN

Hören wir mit dem Rauchen auf, nehmen wir uns ein betrügerisches chemisches Belohnungssystem weg. Mit dem sinnlichen Durchleben von psychodynamischen Trainingserlebnissen aktivieren wir ein natürliches Belohnungssystem im Gehirn. So können sich neue Verbindungen zwischen den Nervenzellen bilden, die „glückliche" Hormone aktivieren. Wir beschließen, die übliche Autobahn zu verlassen und bauen uns mit den Trainingserlebnissen des Psychodynamischen Modelltrainings neue, interessante Wege im Gehirn, die uns Freude bereiten und uns zu einem glücklichen und gesunden Leben führen.

Die Macht der Hormone

Als man dem englischen Wissenschaftler Francis Crick und seinen Kollegen den Nobelpreis für die Entschlüsselung des DNA-Codes verlieh, verblüffte er die medizinische Fachwelt mit folgender Feststellung:

„Sie, Ihre Freude und Ihr Leid, Ihre Erinnerungen, Ihr Ehrgeiz, Ihr Identitätsgefühl, Ihr freier Wille und Ihre Liebe sind nichts anderes als das Mit- und Gegeneinander einer riesigen Ansammlung von Nervenzellen. Die chemische Substanz, die hauptsächlich für die erhabenen Gefühle des Verliebtseins verantwortlich ist, heißt PEA (Phenylethylamin), ein Stoff, der mit den Amphetaminen verwandt ist und auch in Schokolade vorkommt. PEA ist eine der chemischen Substanzen, die Ihre Herzfrequenz hochschrauben, Ihre Hände feucht werden lassen, Ihre Pupillen weiten und Ihnen Schmetterlinge in den Bauch setzen.

Auch Adrenalin wird freigesetzt, was Ihr Herz zum Rasen bringt, Sie wachrüttelt und Ihnen zu euphorischen Gefühlen verhilft. Gleichzeitig werden Endorphine produziert, die Ihr Immunsystem aufpeppen und Ihre Erkältung vertreiben. Wenn Sie einen Kuss ausgetauscht haben, erstellt Ihr Gehirn eine flotte chemische Analyse der Speichelflüssigkeit des anderen und zieht Schlüsse bezüglich der genetischen Kompatibilität (Vereinbarkeit) beziehungsweise Inkompatibilität (Nichtvereinbarkeit). Das weibliche Gehirn zieht außerdem Schlüsse, in welchem Zustand sich das Immunsystem des Mannes befindet."

Auch wenn die chemische Analyse dem Unbewussten sagt, dass der potenzielle Geschlechtspartner gut passt, so werden die Sexualhormone (Vasopressin, Testosteron, Östrogen) erst dann aktiv, wenn der mögliche Sexualpartner auch nach den Erfahrungen, die im Laufe des Lebens gemacht wurden, als positiv erlebt wird.

Weiters sind auch die inneren Bilder, die während der Evolution im Gehirn des Menschen gespeichert wurden, ausschlaggebend. So finden kleine Frauen oft große Männer sexuell anziehend, große Frauen kleine Männer. Damit ist die Optimalgröße des Menschen, die sich im Zuge der Entwicklung bewährt hat und die wir in unserem Gehirn als Bild gespeichert haben, durch die sexuelle Anziehung gesichert.

Diese Beispiele machen klar, welche Macht innere Bilder und hormonelle Prozesse auf den Willen des Menschen haben. Auch ich kann eine ganz persönliche Geschichte dazu beisteuern, wie sehr hormonelle Prozesse unser Tun beschreiben:

Vor dem Osterurlaub holten meine Kinder einen jungen Hund aus dem Tierheim. Wir verbrachten die Ferien in unserem Wochenendhaus. Ich suchte ein längst beiseitegelegtes Strickzeug, fand es schließlich und strickte mit Eifer und Freude an einem Pullover. Woher plötzlich diese Lust am Stricken?

Mit dem Titel: „Faule und schlimme Kinder gibt es nicht. Mögliche Störungen der Konzentration" drehte ich 1992 einen Videofilm. Darin filmte ich Kinder aus dem Verwandten- und Freundeskreis. Fast alle trugen von mir gestrickte Pullover. Damals waren meine eigenen Kinder vier und sechs Jahre alt. Ich erinnere mich, dass ich das Strickzeug vor mittlerweile vielen Jahren weggelegt hatte. Offensichtlich zu einem Zeitpunkt, an dem meine Brutpflegeaktivitäten und damit Brutpflegehormone aufgrund des damals schon größeren Alters meiner Kinder versiegten.

Durch das Ende meiner instinktiven Brutpflege verlor ich auch die Lust auf Stricken. Der kleine Hund schaffte es offensichtlich, dass mein Hirn wieder Bilder von damals aktivierte und Brutpflegehormone ausschüttete, die mich wieder zum Stricken brachten. Der Hund wurde rasch groß. Meine Lust, zu stricken, hörte wieder auf und ich vollendete den kleinen Pullover leider nicht. Aber ich konnte erkennen, welche Auswirkungen die Aktivierung gespeicherter Bilder auf die Aktivierung von Hormonen hat.

EIN STREIFZUG DURCH DIE WELT DER HORMONE

Die Hormone sind – neben den Genen – die wichtigsten Stoffe, die unser Leben steuern. Ohne sie könnten wir nicht überleben. Von Kopf bis Fuß, in jedem Augenblick unseres Lebens sind sie es, die den Zellen und Geweben des Körpers lebenswichtige Signale und Arbeitsanweisungen geben. Die Hormone sind die wichtigsten chemischen Botenstoffe im menschlichen Organismus. Ihre Menge und Zusammensetzung entscheidet darüber, wie gut es Seele und Körper geht.

Hormone steuern unsere Libido, regulieren den Stoffwechsel von Knochen, Muskeln und Geweben, mobilisieren die Abwehrkräfte bei Belastungen wie emotionalen Stress, Durst, Hunger, Hitze, Kälte, Verletzungen und Infektionen. Sie sorgen für die optimale Verwertung von Nährstoffen und für die Aufrechterhaltung aller Körperfunktionen und Zellen. Darüber hinaus regulieren sie das Wasser- und Nährstoffgleichgewicht. Wenn wir Zigaretten rauchen, gelangt das Nikotin innerhalb weniger Sekunden ins Gehirn und verursacht dort eine Ausschüttung von Glückshormonen. Bevor wir näher auf diese Glückshormone – Dopamin, Noradrenalin, Serotonin und die Endorphine – eingehen, gebe ich noch einen Überblick zu den wichtigsten Hormonen, die die körperlichen und psychischen Abläufe des Menschen steuern.

WAS UNSEREN KÖRPER STEUERT

Cortisol

Das Hormon Cortisol wird im Körper vermehrt während Aufregung und Stress ausgeschüttet. Zu niedrige Spiegel können das adäquate Reagieren in Gefahrensituationen dramatisch verschlechtern. Ein zu hoher Cortisolspiegel führt zu chronisch hohen Blutzuckerspiegeln, Übergewicht und Infektanfälligkeit.

Melatonin

Dieses Hormon ist für die Koordinierung der Biorhythmen des Körpers zuständig und entfaltet seine Wirkung als Zeitgeber im Tagesrhythmus. In der Nacht steigt die Melatoninkonzentration um das Zehnfache an, was wiederum zu einer Ausschüttung des Wachstumshormons und Stimulation des Immunsystems führt. Neben einer Beeinträchtigung des Immunsystems rufen erhöhte oder gesenkte Melatoninspiegel Schlafstörungen hervor. Chronische Störungen des Melatoninrhythmus führen außerdem zu einer Gewichtszunahme.

Insulin

Insulin ist ein wichtiges Hormon zur Regulierung unserer Verdauung, unseres Sättigungsgefühls und des Blutzuckerspiegels. Das Leptin reguliert unter anderem das Hungergefühl und dient als Indikator für Fettreserven im Körper. Durch eine Leptin-Messung lassen sich auch diese Fettdepots aufspüren.

Schilddrüsenhormone

Die Schilddrüsenhormone dienen der Aufrechterhaltung einer ausgeglichenen Energiebilanz des Organismus und haben großen Einfluss auf viele andere Hormon produzierende Organe. Symptome einer Schilddrüsenüberfunktion können Herzrasen, Bluthochdruck, Unruhe, Gewichtsabnahme, vermehrtes Schwitzen, Durchfall, Haarausfall, Reizbarkeit, depressive Verstimmungen und Schlaflosigkeit sein. Mögliche Symptome einer Schilddrüsenunterfunktion sind Leistungsminderung, Schwäche, Antriebsmangel, schlaffe Haut, geschwollene Lider,

76

Müdigkeit, leichtes Frieren, kalte Extremitäten, Depressionen, chronische Verstopfung, Gewichtszunahme und Appetitlosigkeit.

Sexualhormone

Als Sexualhormone werden Hormone bezeichnet, die Anteil an der Ausprägung der Geschlechtsmerkmale und Steuerung der Sexualfunktionen haben. Zu den bekanntesten Sexualhormonen zählen die weiblichen Gestagene und Östrogene und die männlichen Androgene, deren wichtigster Vertreter das Testosteron ist.

Oxytocin

Das Brutpflege- oder auch Bindungshormon begleitet uns schon als Neugeborene. Oxytocin aktiviert bei Müttern körperliche Belohnungsschaltkreise und hält so die Bereitschaft wach, schlaflose Nächte in den ersten Monaten durchzustehen. Dieses Hormon wird von der Hypophyse ausgeschüttet und ist ebenso für sexuelle Erregung als auch Treue und Bindung verantwortlich. Auch Männer produzieren es, allerdings werden bei ihnen nie die Konzentrationen junger Mütter erreicht. Unter den Wehen führt Oxytocin unter anderem zur Weitung des Geburtskanals, beim Stillen löst es Seligkeit aus.

Oxytocin sorgt auch für die Vernetzungen unserer „zärtlichen Bilder". So wird beispielsweise beim Anblick eines jungen Hundes, eines Stofftieres, eines Kindes dieses Hormon ausgeschüttet. Das bereitet in uns ein zärtliches Gefühl (siehe auch Kapitel „Innere Bilder").

DIE GLÜCKLICHMACHER

Wie glücklich oder unglücklich wir sind, geht mit diesen vier Botenstoffen Hand in Hand. Vor allem der alles entscheidende Botenstoff zum Aufbau unserer Glücksgefühle Dopamin spielt – in Verbindung mit Noradrenalin – dabei die zentrale Hauptrolle. Aber auch Serotonin und die Endorphine sind an unserem Glück und Wohlbefinden zentral beteiligt.

Dopamin

Dopamin ist eine Vorstufe von Adrenalin und Noradrenalin. Körperlich ist es an der Regulierung der Durchblutung der Bauchorgane, insbesondere der Niere, beteiligt. Einen wesentlichen Einfluss hat es auf die Emotionen. Es wirkt vor allem im körpereigenen Belohnsystem. Dopamin steigert die Wahrnehmungsfähigkeit und ist für das Empfinden von Glück, Freude und Zuversicht verantwortlich.

Serotonin

Das Glückshormon Serotonin hat vielfältige Wirkungen auf unser Gefühlsleben. Dieser Botenstoff stellt Wohlbefinden her und unterdrückt Schmerzen. Serotonin übernimmt außerdem die Aufgabe, das Stresssystem des Körpers zu reduzieren und notfalls abzuschalten. Der Mensch hat etwa zehn Milligramm Serotonin im Körper verteilt. Diese Menge braucht er, damit es ihm gut geht. Wenn der Serotoninspiegel sinkt, kippt die Stimmungslage. Antriebslosigkeit, Schlafstörungen, Ängste oder Depressionen sind die Folge. Auch auf den Appetit und das Schmerzempfinden hat Serotonin einen Einfluss.

Adrenalin und Noradrenalin

Die Adrenalin- und Noradrenalin-Freisetzung versetzt den Menschen in Alarmbereitschaft und ist Teil des sogenannten fight/flight/fright-Urinstinkts (angreifen/flüchten/fürchten): Alle Körperfunktionen, die zum Kämpfen oder Flüchten notwendig sind, wie Atmung, Blutdruck und Puls, werden aktiviert. Durch die Noradrenalin-Freisetzung im Gehirn kommt es zu einer gerichteten Aufmerksamkeit und einem gesteigerten Selbstbewusstsein. Noradrenalin ermöglicht zudem eine schnelle geistige Reaktionsfähigkeit, fördert die Konzentration und wirkt sich ebenfalls mindernd auf das Stressempfinden aus. Sind diese beiden Botenstoffe nicht in ausreichender Menge vorhanden, wird der Körper von Stresshormonen regelrecht überflutet. Unwohlsein, Angst und Aufregung sind die Folge.

Endorphine

Endorphine lassen einen in extremen Belastungssituationen Schmerzen und Angst kaum spüren, während sie gleichzeitig die Wahrnehmung schärfen. Endorphine veranlassen auch die Ausschüttung von Dopamin. Als natürliches Anti-Stressmittel stärken Endorphine außerdem die Abwehrkräfte und sorgen in Grenzsituationen für eine Gelassenheit, die sich zu benebelter Heiterkeit steigern kann. Endorphin ist ein chemisches Beruhigungsmittel. Es bewirkt, dass wir bei Schmerz und Angst geradezu in einen „Narkoserausch" fallen. Diesen „Kick" erleben Menschen beim Bungee-Jumping oder beim Fallschirmspringen. Im freien Fall weiß der Körper, dass der Tod bald eintritt. Wegen der Endorphinausschüttung stößt man erst einen gellenden Schrei aus, das Gehirn aktiviert einen Betäubungshormoncocktail, der blitzartig eine narkotisierende Euphorie provoziert.

All diese erwähnten „Glücklichmacher"-Hormone sind auch Neurotransmitter. Das sind Botenstoffe, die durch „Andocken" an verschiedene Rezeptoren unterschiedliche Wirkungen hervorrufen. Sie können auch als eine Art Schlüssel für ein vorhandenes Schloss gesehen werden. Passt ein solcher Schlüssel, öffnet sich das Tor und es kommt zu einer körperlichen oder emotionalen Reaktion.

DER CHEMISCHE GLÜCKLICHMACHER NIKOTIN

Nikotin hat nun die Fähigkeit, sich ebenfalls an Rezeptoren anzudocken. Es ist dem Botenstoff Acetylcholin so ähnlich, dass es an dessen Rezeptoren andockt und dadurch das Acetylcholin verdrängt – die Rezeptoren werden nun durch das Nikotin stimuliert. Die Folge: Botenstoffe wie Serotonin, Dopamin, Noradrenalin und Endorphine werden freigesetzt. Da Nikotin ein Gift ist, löst es in uns den oben beschriebenen Narkosetaumel aus (siehe dazu auch Kapitel „Nikotin").

INFO:
So wirkt Nikotin im Gehirn
Nikotin wirkt wie Endorphine und irritiert bei Abhängigkeit die körpereigenen Beruhigungsmittel. Es verriegelt gleichsam die Türen für Wohlsein, Unwohlsein und Schmerz und löst einen Belohnungsmechanismus aus. Dadurch werden Raucherinnen und Raucher benebelt. Solange man raucht, kommt es quasi zu einem Dauerschockzustand im Gehirn. Nikotin blockiert auch die Dopamin- und Noradrenalinpumpe und verhindert, dass die beiden Botenstoffe wieder an ihren Speicherplatz zurückkehren. Die adäquate Endorphinproduktion ist ausgefallen und das Ersatzprodukt Nikotin muss nun immer zur Verfügung stehen. Die irritierten Endor-

phine sind dadurch aus der Übung gekommen. Nach dem Rauchstopp brauchen sie bis zu drei Tage, um wieder gesund zu funktionieren.

DIE MOTIVATIONS-ACHSEN DES GEHIRNS

Im Gehirn befindet sich ein Motivationszentrum, das man sich aus drei Motivations-Achsen bestehend vorstellen kann:

- die Dopamin-Achse
- die Oxytocin-Achse
- die Opioid-Achse

Wir können diese Achsen künstlich aktivieren. So reagiert die Dopamin-Achse beispielsweise auf Nikotin, Kokain, Computerspiele oder Arbeitssucht, die Opioid-Achse können wir mit Alkohol, Opium, Heroin und Cannabis aktivieren. Auch Magersucht oder Selbstverletzung aktiviert die Opioid-Achse. Die Oxytocin-Achse reagiert hingegen auf Beziehungs- oder Sexsucht.

Es gibt aber auch andere Möglichkeiten, die Achsen zu aktivieren. So wird die Dopamin-Achse aktiviert, wenn wir Anerkennung bekommen oder in Aussicht haben, die Opioid-Achse, wenn wir Trost erleben können: Das Gefühl, „es wird alles wieder gut", führt zur Ausschüttung körpereigener Beruhigungs- und Schmerzmittel. Die Oxytocin-Achse aktivieren wir, wenn wir Vertrauen zu anderen Personen erleben oder Zärtlichkeit spüren.

Vielleicht ist dieses Prinzip auch durch den Vergleich mit einem Auto besser verstehbar. Um mit einem Auto fahren zu können, braucht man notwendigerweise zuerst einen Zündschlüssel.

MERKE:

Der Zündschlüssel ist: Anerkennung – Dopamin; Vertrauen – Oxytocin; Trost – Opioid. Wenn mit einem der drei erwarteten Gefühle (Zündschlüssel) gestartet wird, läuft der Motor und wir können genüsslich durch die Landschaft fahren. Suchtgifte und Suchttätigkeiten hingegen sind Zündschlüssel für einen Fahrsimulator. Man glaubt nur, in einem Auto zu sitzen und zu fahren. In Wirklichkeit aber ist es gar kein Auto, das da fährt. Es zieht nur eine Landschaft als Attrappe vorbei und verschafft uns lediglich den Eindruck, als würden wir fahren. Die schreckliche Begleiterscheinung eines so simulierten Lebens ist aber, dass wir durch die vorbeiziehende Leinwand so sehr abgelenkt sind, dass wir das natürliche Leben nicht mehr wahrnehmen.

Das Verständnis über das Zusammenspiel innerer Bilder und der Wirkung von Hormonen ist für Raucherinnen und Raucher wichtig. Schließlich wirkt Nikotin im Körper wie ein Hormon. Wir nehmen die hormonellen Prozesse nie mit dem Verstand wahr. Mit dem Verstand aber können wir hormonelle Prozesse auslösen und damit unser Unbewusstes steuern. Wir können die Bewertung der einzelnen inneren Leitbilder verändern. Genau das tun wir mit den bewusst und willentlich eingesetzten PDM-Trainingserlebnissen. Damit entstehen wieder neue Erlebniswelten, die man als Heilung bezeichnen kann.

Riechen Sie bitte an Ihrem Lesezeichen!

Wenn Sie die PDM-Trainingserlebnisse durchführen, sind Sie frei. Und zwar lebenslang!

Nikotin – so gefährlich ist das Nervengift

Rauchen wird liebevoll als Genuss oder maximal als Laster bezeichnet. Vielen Menschen scheint bei diesen relativ harmlosen Bezeichnungen nicht klar zu sein, dass Nikotin in Wahrheit eines der schwersten Suchtgifte weltweit ist. In geringeren Dosen wirkt es aktivierend, in höheren dämpfend und löst den Muskeltonus, bei Überdosierung kann das Gift eine lähmende Wirkung auf das zentrale Nervensystem ausüben. Wie stark das Nervengift Nikotin tatsächlich ist, zeigt sich daran, dass bereits die Aufnahme von 60 Milligramm reinen Nikotins für erwachsene Menschen tödlich ist. Beim Rauchen wird diese Menge nicht erreicht, weil Nikotin im Körper sehr schnell abgebaut wird. Verschluckt aber beispielsweise ein Kleinkind eine Zigarette, kann das tödlich enden.

Nikotin ist vor allem für die Suchterzeugung verantwortlich. Lange Zeit war man der Meinung, dass es sonst bei der „richtigen" Dosierung keine gesundheitsschädlichen Wirkungen aufweist. Mittlerweile wissen wir jedoch, dass das Suchtgift Gefäßverengungen verursacht, die Herz- und Kreislaufschäden zur Folge haben. Viele andere Inhaltsstoffe von Tabakwaren, die Raucher bei jedem Zug zwangsweise mit inhalieren, machen dagegen nicht nur süchtig, sondern sind auch hochgiftig und krebserregend. Zu diesen Substanzen gehören Stickoxide, Schwefeldioxid, Kohlenmonoxid, Kohlendioxid, polyzyklische aromatische Kohlenwasserstoffe, Benzol, Phenole, Formaldehyd, Ammoniak, Nitrosamine, Akrolein sowie Spurenelemente wie Nickel und Cadmium. Sie sind für weitere langfristige Gesundheitsschädigungen verantwortlich.

WIE NIKOTIN WIRKT

Beim Rauchen werden ungefähr 30 Prozent des in der Zigarette enthaltenen Nikotins freigesetzt. Davon werden bis zu 95 Prozent beim intensiven Inhalieren resorbiert, also über die Atemwege aufgenommen. 25 Prozent des inhalierten Nikotins erreichen – an kleine Teer-Teilchen gebunden – über Lunge und Blutbahn innerhalb von Sekunden das Gehirn. Das Nikotin dockt an Rezeptoren an, die eigentlich für den Botenstoff Acetylcholin vorgesehen sind, der als Überträgersubstanz die Nervenimpulse an die Nervenschaltstellen der verschiedenen Organe weiterleitet. Durch das Andocken des Nikotins an die Rezeptoren wird das Acetylcholin verdrängt – die Rezeptoren werden durch das Nikotin stimuliert. Die Folge: Weitere Botenstoffe wie Dopamin, Noradrenalin und Endorphine werden freigesetzt.

Über die Wirkung der Hormone und Botenstoffe haben wir schon im Kapitel „Hormone" gesprochen. Durch die Freisetzung von Dopamin, Noradrenalin und Endorphinen werden verschiedene physiologische Prozesse ausgelöst: Das Herz schlägt schneller, der Blutdruck steigt und der Hautwiderstand nimmt ab. Da die Hauttemperatur ebenfalls sinkt, friert man als Raucher schneller. Gift führt zu einer Art Schockzustand. Dabei werden Appetit, Stress, Angst, Unsicherheit, Nervosität und Müdigkeit unterdrückt. Diese Effekte setzen sehr schnell ein, halten allerdings nur an, bis die Zigarette ausgedrückt wird. Dann verlässt das Nikotin sofort wieder den Körper und Angst, Unsicherheit und Nervosität treten auf, weil das Gehirn nicht ohne Schmerzmittel leben kann. Und das natürliche Schmerzmittel Endorphin ist durch das Nikotin ausgeschaltet.

Durch den Konsum von Nikotin wird in einer Gehirnregion, im mesolimbischen System, auch Dopamin freigesetzt. Dopamin treibt uns im Schockzustand an, um uns Hilfe zu suchen. Hören wir mit dem Rauchen auf, bleibt ein verstellter Wert für Dopamin zurück und verursacht somit Entzugserscheinungen.

MERKE:

Die PDM-Trainingserlebnisse aktivieren mit glücklichen Bildern die Dopamin-Achse auf natürliche Weise. Damit haben Entzugserscheinungen keine Chance!

NIKOTIN KILLT DIE GESUNDHEIT

Lange Zeit war man der Meinung, dass die rund 3000 verschiedenen schädlichen Substanzen, die in einer Zigarette enthalten sind, für die gesundheitsschädigenden Auswirkungen verantwortlich sind, während Nikotin „nur" süchtig macht. Das stimmt so jedoch nicht, denn auch Nikotin fügt der Gesundheit hohen Schaden zu.

Das Suchtgift verhindert die natürliche Ausschüttung der Endorphine und verursacht Gefäßverengungen, die Herz- und Kreislaufschäden zur Folge haben. Das Risiko, einen Herzinfarkt oder Schlaganfall zu erleiden, wird durch Nikotin stark erhöht. Durch die mangelhafte Durchblutung des Körpers kann auch die Sehkraft nachlassen. Andererseits regt Nikotin auch den Stoffwechsel an und führt zu höheren Fettsäure- und Cholesterinspiegeln im Blut und damit zu einer „Verkalkung" und Verstopfung der Gefäße (Arteriosklerose). Die Folgen sind bekannt: chronische Durchblutungsstörungen in Armen und Beinen bis hin zum Gefäßverschluss.

Nikotin wirkt nicht nur innerlich auf Körper und Geist, sondern auch negativ auf unser Aussehen. Raucher haben oft eine aschfahle Hautfarbe, Ringe unter den Augen, gelbe Finger und Zähne. Rauchen beschleunigt außerdem die Entwicklung von Falten und verstärkt den Alterungsprozess der Haut.

INFO:
Wichtig für Frauen, die regelmäßig die „Antibabypille" nehmen: In Verbindung mit Zigarettenrauchen kann die Pilleneinnahme als lebensgefährlich bezeichnet werden. Sie begünstigt die Bildung von Blutgerinnseln beziehungsweise von Verschlüssen durch Blutgerinnsel in den Hirn-, Lungen- und Herzkranzgefäßen.

DER SÜCHTIGMACHER

Nikotin ist eine der am stärksten süchtig machenden Substanzen. Zum Vergleich: 98 von 100 Menschen, die mit einem der stärksten Suchtgifte – Heroin – in Kontakt kommen, werden abhängig. Geschätzte 40 von 100 werden von Alkohol abhängig, wenn sie regelmäßig trinken. Immer mehr Ernährungswissenschaftler halten auch Zucker für ein starkes Suchtgift. Ähnliches gilt für das Nervengift Koffein. Von 100 Menschen, die mit dem Rauchen beginnen, werden 80 abhängig. Nur 20 schaffen es, in unregelmäßigen Abständen einige Zigaretten zu rauchen, ohne dabei den Effekt zu erleben, den die süchtige Raucherin oder der süchtige Raucher hat. Ob eine Substanz süchtig macht oder nicht, hängt von den Rezeptoren ab, die man im Gehirn ausgebildet hat. Je mehr Nikotin ins Gehirn gelangt, desto sensibler werden die Acetylcholin-Rezeptoren. Gleichzeitig nimmt ihre Menge zu. Fehlt das Nikotin dann, treten anfangs körperliche Entzugssymptome wie Unruhe, Reizbarkeit und Konzentrationsstörungen auf.

Sobald dem Körper kein Nikotin mehr zugeführt wird, fällt der Dopamin- und Noradrenalinspiegel im Gehirn ab. Beim Absinken des Nikotinspiegels ruft das Betäubungssystem im Gehirn nach dem Schmerzmittel Nikotin. Das Gehirn kann kaum noch ein normales Wohlbefinden ohne Nikotin herstellen. Auch die

Konzentrationsfähigkeit sinkt mit dem Entzug. Beim Rauchen wird die Droge wieder zugeführt, folglich der Nikotinentzug gelindert. Raucher erleben das Beenden der Entzugserscheinungen als entspannende Wirkung.

Riechen Sie bitte am Lesezeichen!

MERKE:
Wenn Sie die PDM-Trainingserlebnisse durchführen, sind Sie frei. Und zwar lebenslang!

RAUCHEN – SCHOCKZUSTAND IM GEHIRN

Nikotin wirkt im Gehirn wie Endorphin und irritiert bei Abhängigkeit die körpereigenen Beruhigungsmittel. Es verriegelt gleichsam die Türen für Wohlsein, Unwohlsein und Schmerz und löst einen Belohnungsmechanismus aus. Dadurch werden Raucherinnen und Raucher narkotisiert. Sie haben einen ständigen künstlichen Scheinwerfer für alles Angenehme und Schöne eingeschaltet. Solange man raucht, kommt es zu einem Dauerschockzustand im Gehirn. Das Nikotin blockiert auch die Dopamin- und Noradrenalinpumpe und verhindert, dass Dopamin und Noradrenalin wieder an ihren Speicherplatz zurückkehren.

Das Ersatzprodukt Nikotin muss nun immer zur Verfügung stehen. Die irritierten Endorphine sind gleichsam aus der Übung gekommen und brauchen bis zu drei Tage, um wieder gesund zu funktionieren. Während dieser Zeit des Nichtrauchens ist das Gehirn sehr nervös, weil es beim Unwohlsein ohne Beruhigungsmittel dasteht.

Nikotin ist ein Gift, das nach dem Ausdämpfen einer Zigarette sofort den Körper verlässt. Nach einer Stunde ist der Nikotinspiegel im Blut stark gesunken. Das Gehirn wird nervös, verlangt dringend nach „Stoff".

Die irritierten Endorphine machen den Entzug für einen Junkie zur Höllenqual. Bis das Gehirn die normale Endorphinproduktion wieder aufnimmt, schmerzt jede kleinste Körperbewegung. Durch die ständige Zufuhr der Suchtgifte kommen die Endorphine aus der Übung und ziehen sich zurück.

Dämpft ein Raucher seine Zigarette einfach so zum letzten Mal aus, ist er auch gegen Schmerzen schlechter geschützt. Er fühlt sich unwohl und leer. Um sich wieder gut zu fühlen, greift er bald zur nächsten Zigarette, entzündet den Kurzschluss im Gehirn und aktiviert den „chemischen Glückscocktail". Aber die langsam keimende Eigenproduktion der Endorphine ist sofort vernichtet. Wieder dauert es bis zu drei Tage, bis die müden und geschlagenen Endorphine sich aufraffen, um den Körper zu schützen. Die Vergiftung nimmt ihren Lauf. Nikotin ist ein mangelnder Ersatz für die gesunde Endorphinausschüttung. Der Körper braucht immer mehr Nikotin, um die Quasi-Wohlfühlwirkung der Endorphine zu erzielen.

Wie bereits erwähnt: Beim Rauchen der ersten Zigarette zeigt der Körper noch, dass er dabei vergiftet wird und dass es sich um Gift handelt. Er kann sich gewöhnlich mit Husten, Erbrechen oder Durchfall von Giften befreien. Der Geschmack der ersten Zigarette ist schlecht, der Rauch brennt im Hals, die Lunge versucht, sich mit Husten vom Gift zu befreien. Das Nikotin kommt als Bote verkleidet innerhalb von sieben Sekunden ins Gehirn. Dort beginnt es, das körpereigene Beruhigungsmittel Endorphin zu irritieren, verschließt die Tür zur Körperwahrnehmung und mixt den Dopamin-Glückscocktail – wir schweben im „Entspannungstaumel". Die erste Zigarette schmeckt schlecht. Bald aber sind wir abhängig, spüren nichts mehr, die Zigaretten beginnen zu „schmecken". Ein Teufelskreis setzt ein:

Reiz durch Aufnahme von Nikotin → das Körpergefühl wird ausgeschaltet → Dopamin aktiviert Bilder des Wohlbefindens und verursacht Glück direkt im Verstand → führt zum Glücksgefühl trotz Schmerzen im Körper → Nikotin verlässt den Körper → der Entzug wird aktiviert → mit der Zufuhr von Nikotin entsteht ein neuer Reiz.

Riechen Sie bitte am Lesezeichen!

> **MERKE:**
> Die tatsächliche Wahrnehmung des Körpers und die Aktivierung der passenden inneren Bilder sind ausgeschaltet, solange man raucht. Der Körper wird, vom Verstand unbemerkt, zerstört.

Lesen Sie das PDM-Trainingserlebnis „Wert" auf Seite 146 ff.

DER SCHUTZMECHANISMUS IM GEHIRN

Der menschliche Körper reagiert auf Gifte und auf Schmerz mit einem Schutzmechanismus, der lebenserhaltend wirkt. Kommt er mit giftigen Substanzen in Kontakt, wehrt er sich mit Husten und Erbrechen, um sich vom Gift zu befreien. „Rauch" aktiviert gewöhnlich elektrische und chemische Reaktionen der Unlust. Es ist möglich, dass Raucher bereits vor ihrer ersten Zigarette süchtig waren. Wenn man in einer Umgebung aufgewachsen ist, in der geraucht wurde, ist man womöglich schon als passive Raucherin oder passiver Raucher nikotinabhängig geworden. In diesem Fall „schmeckt" bereits die erste Zigarette tatsächlich.

Sollten wir beim Rauchen der ersten Zigarette noch nicht süchtig sein, reagiert der Körper auf den Reiz „Tabakrauch" und andere giftige Dämpfe mit Husten, Schwindel und Übelkeit. Wird er jedoch immer wieder mit dem Gift gereizt, übernimmt das Gehirn mit einem Schutzmechanismus die Aufgabe, die Schmerzen abzutöten. Es erhält durch den permanenten Reiz mit Giften folgende Informationen: „Das Gift kommt immer wieder, es ist also eine nicht lösbare Gefahr! Lebensfunktionen aufrechterhalten!" Um die bewusste Wahrnehmung von Schmerzen auszuschalten, werden Beruhigungsmittel (Endorphine) ausgeschüttet.

Dass der Rauch in der Lunge zur Erstickung führt, im Mund brennt, dass der Geschmack schlecht ist und vieles mehr – alles Zeichen, die einem gesunden Menschen Angst machen würden –, spürt man als Raucher irgendwann nicht mehr. Man befindet sich in einem Dauerschockzustand.

WARUM BEDROHUNG NICHT WIRKT

Die Bedrohung durch den Tod verschafft unangenehme Gefühle. Die Reaktion des Rauchers darauf ist – einmal „eine" zu rauchen. Zum eigenen Sterben haben wir keine inneren Bilder. Niemand hat den eigenen Tod erlebt, wir fühlen uns nicht betroffen. Jeder Reiz provoziert in den Nervenzellen durch dazupassende hormonelle Ausschüttung einen Ausgleich. Zum eigenen Tod wird keine Nervenzelle aktiviert. Das ist neurologisch nicht möglich. Was hingegen ausgelöst wird, sind Bilder zum Sterben von anderen, bei denen wir „Zeugen" oder Begleiter waren.

Weiters wissen wir, dass wir mit dem Rauchen aufhören werden, bevor wir sterben. Die Folgen des Rauchens führen nicht zum schnellen, unmittelbaren Tod. Ein sehr robuster, unsensibler Körper hält etwa 30 Jahre Nikotinkonsum aus. Wir wissen von den schädlichen Auswirkungen des Rauchens auf unseren Körper, aber wir denken auch: „Ich selber bin davon ja nicht betroffen!" Schließlich kennt auch jeder von uns jemanden, der 100 Jahre alt wurde und immer rauchte, oder Nichtraucher, die an Lungenkrebs starben.

INFO:

Es hilft Rauchenden nicht, mit Krankheiten und dem Tod bedroht zu werden. Im Gegenteil: Es fördert das Rauchen. Die inneren Bilder und Hormone wissen, was gegen unangenehme Gefühle unternommen werden kann. Das Unbewusste weiß aber auch, dass das Rauchen chemisch gute Gefühle macht. Deshalb rauchen Raucherinnen und Raucher zuerst einmal eine Zigarette, wenn Unangenehmes ansteht.

Riechen Sie bitte am Lesezeichen!

MERKE:

Das tatsächliche Körpergefühl bleibt für den Verstand im Dunkel der Wahrnehmung. Raucherinnen und Raucher registrieren den Schmerz des Zigarettenrauches – Hustenreiz, Brennen auf der Zunge, Übelkeit – nicht mehr und befinden sich in einer Art „Dauerentspannungstaumel".

DER LEISE ENTZUG

Entzugserscheinungen zeigen sich bei Nikotin diskret. Sie sind so „leise", dass man verführt ist zu glauben, beim Rauchen handle es sich nur um eine schlechte Gewohnheit.

Manche denken auch, Rauchen sei ein „Genuss", auf den sie verzichten könnten. Diese Annahme ist falsch. Sobald man glaubt, beim Rauchen etwas „zu bekommen", ist man abhängig und auf Entzug programmiert. Das Unbewusste glaubt, auf etwas verzichten zu müssen und holt es sich bei gegebener Gelegenheit. Wer das Rauchen mit Willensanstrengungen unterdrückt, befindet sich ebenso auf Entzug. Das Gehirn ist an den vom Nikotin verursachten Glückshormoncocktail gewöhnt. Es wird ihn sich wieder holen. Nach innerem Dafürhalten muss man permanent auf etwas verzichten. Das macht nicht froh und lässt das Dopamin nie zur Wirkung gelangen. Der hormonelle Ablauf normalisiert sich nicht. Das kann auch über Jahre gehen.

INFO:

Rauchentzugserscheinungen beginnen in dem Moment, in dem eine Zigarette ausgedämpft wird. Das Anzünden der nächsten Zigarette beendet die Entzugserscheinungen und lässt dies als vermeintliche Erleichterung erleben.

DIE ENTZUGSERSCHEINUNGEN

... nach der letzten Zigarette

Dämpfen wir eine Zigarette aus, sinkt der Nikotinspiegel nach 30 Minuten um die Hälfte, nach einer Stunde auf ein Viertel. Ab dem Ausdämpfen setzen die Entzugserscheinungen ein. So wie der Körper bei der Zufuhr von Giften mit schlechtem Geschmacksempfinden und sogar mit Erbrechen anzeigt, dass es sich um Gifte handelt, so zeigt er den Entzug bei Nikotin nur über großen diffusen Hunger an. Innerhalb einer Stunde breitet sich dieses Gefühl in uns aus. Doch selbst wenn man isst, bleibt man irgendwie „leer".

... nach drei Tagen

Der Rauchstopp bedeutet für den Körper den Entzug einer Substanz, die er braucht, um funktionieren zu können. In den ersten Tagen kann es zu diesem körperlichen Entzug kommen. Das im Körper gespeicherte Nikotin wird nach und nach ausgeschieden. Bleiben Sie in dieser Zeit immer in den inneren Bildern der Freiheit und lassen Sie sich innerlich gar nicht auf das Defizit ein. Sie haben bis dahin das Trainingserlebnis der Entschlossenheit gelernt. Spätestens nach drei Tagen produziert Ihr Körper die Endorphine wieder so, als hätten Sie nie geraucht.

... nach einer Woche

beginnt die Regeneration der Atemwege. Es setzt ein langsamer Abtransport der Gift- und Teerstoffe ein, die sich während der Raucherzeit in der Lunge abgelagert haben. Diesen Effekt kann man durch viel Bewegung in der frischen Luft unterstützen. Nach zwei Wochen fangen die Organe an, sich zu erholen.

... nach einem Monat

beginnt sich das Immunsystem zu erholen, die Infektionsgefahr sinkt. Der natürliche Dopamin-Stoffwechsel regeneriert sich. Die Anti-Östrogen-Wirkung des Rauchens fällt weg – das wirkt sich positiv auf die Knochendichte und die Gefäße aus.

... nach sechs Wochen

Der hormonelle Ablauf braucht bis zu sechs Wochen, bis er wieder natürlich funktioniert. So lange dauert Heilung für Stoffwechsel. Dann sind das traurige Tief und die Verstimmungen vorüber. Man kann sich wieder über Kleinigkeiten wie die Farben der Natur freuen und auch wieder differenziert schmecken. Der falsche Dauerentspannungstaumel ist endgültig Geschichte.

Das alles passiert von selbst! Ab der letzten Zigarette verlässt das Nikotin den Körper, alle oben gezeigten Punkte treffen von selbst ein. Der gesamte Körper hat sich regeneriert. Sie sind frei!

> **TIPP:**
> Entfernen Sie nach dem Rauchstopp alle Rauchutensilien wie
> Zigaretten, Aschenbecher, Feuerzeuge etc. aus Ihrer Wohnung
> und leben Sie Ihr Leben genau so wie bisher, nur frei.

Riechen Sie bitte am Lesezeichen!

DIE GESCHICHTE „VORSICHT: ALIEN!"

Die Geschichte des Außerirdischen verdeutlicht, wie es mit der
Nikotinsucht ist. Er schaut sehr oft bei uns vorbei. Lesen Sie als
Erinnerung diese Geschichte immer wieder.

**Riechen Sie jetzt bitte intensiv am Lesezeichen und legen es nicht
aus der Hand!**

Stell dir vor, es gibt auf der Erde auch Aliens, Außerirdische.
Diese Wesen sind kleine, grüne Männchen, von der Statur gebaut
wie kleine Äffchen. Ihre Lieblingsspeise sind frische Tannenzapfen. Davon können diese Außerirdischen nicht genug bekommen.

Du befindest dich gerade auf einer Wanderung durch den
Wald. Quer durch diesen Tannenwald verläuft ein kleiner Pfad.
Du gehst nun also diesen Pfad entlang und blickst in das Dickicht,
lauschst den Geräuschen und atmest die saubere Luft …, bis auf
einmal ein kleiner, süßer, grüner Alien am Wegesrand auftaucht,
dich lieb und blinzelnd ansieht und dich ein kleines Stück deines
Weges begleitet. Er möchte sich gern auf deine Schulter setzen
und du kannst nicht widerstehen und gewährst diesem süßen Wesen diese Freude. Es zupft an deinem Ohrläppchen und deutet in
die Bäume.

Ganz liebevoll bittet es dich um einen Tannenzapfen. „Gut",
denkst du. „Diesen einen Tannenzapfen werde ich ihm geben."

Beglückt hörst du sein leises Schmatzen in den Ohren. Die Last ist eigentlich leicht und der kleine Aufwand macht sich kaum bemerkbar. Wieder zupft es an deinem Ohr und du gibst ihm wieder einen Zapfen. Du denkst, dass dieser kleine Begleiter eigentlich ganz amüsant und zeitvertreibend ist. So wanderst du deinen Weg und bist die ganze Zeit damit beschäftigt, dieses Tierchen zu füttern.

Langsam bemerkst du, dass es dich immer öfter und fordernder an dem Ohr zupft. Ein Zapfen scheint ihm nicht mehr zu genügen und so gibst du ihm mit der Zeit zwei, dann drei und immer mehr. Plötzlich stellst du fest, dass aus dem süßen Alien allmählich ein immer größerer Außerirdischer geworden ist. Du kannst längst nicht mehr so leichtfüßig laufen und das Gewicht macht sich bemerkbar. Immer wieder musst du stehen bleiben und verschnaufen. Die Schulter beginnt zu schmerzen und das nunmehrige Riesenmonster reißt mittlerweile an deinem Ohr, weil es unentwegt seine Tannenzapfen haben will. Aber so ganz allein weitergehen, das möchtest du nun doch nicht. Also arrangierst du dich und fügst dich seinen Forderungen. Inzwischen kannst du nur noch äußerst langsam gehen. Das Gewicht des Außerirdischen drückt dich in die Knie, er krallt sich an deinem Ohr fest, brüllt nach Futter, und du kannst nur noch am Boden kriechen.

Als du nun so auf dem Waldboden Millimeter um Millimeter vorwärts kriechst, verzweifelt nach dort liegenden Zapfen Ausschau hältst, wünschst du dir, dieses Gewicht loszuwerden und wieder allein weiterzuwandern. Du beschließt insgeheim, diesem schrecklichen Monster nun keine Tannenzapfen mehr zu geben. Aber so einfach lässt es sich nicht kleinkriegen. Es brüllt einem Orkan gleich in dein Ohr und reißt mit aller Kraft daran, dass du fast die Besinnung verlierst. Du würdest es gerne abschütteln, aber deinem „Gast" scheint diese Idee gar nicht zu gefallen. Tief in deinem Inneren tobt ein heftiger Kampf, aber du entscheidest dich, nicht mehr zu reagieren und weigerst dich, den Riesen weiter zu füttern.

Das Gewicht des Aliens scheint sich nun langsam zu verringern. Endlich kannst du dich allmählich aufraffen und in gebeugter Haltung weiterlaufen. Das Wesen ist inzwischen etwas kleiner geworden und kreischt nun bittend und bettelnd, voller Verzweiflung in dein Ohr. Aber du bleibst hart und setzt deinen Weg wieder fort. Als das Kreischen nun langsam in ein Wimmern übergeht und der Alien mittlerweile wieder klein und niedlich geworden ist, springt er plötzlich von deiner Schulter und verschwindet im Wald. Alles was von ihm übrig bleibt, sind tiefe Kratzer an deinem Hals und Ohr. Du bist unglaublich ermattet und müde, und als du zurückblickst, siehst du noch Berge von Zapfenresten als Überbleibsel dieses heftigen Kampfes.

Bald kommst du an einen kleinen Wasserlauf, wo du dich erst mal wäschst, dich satt trinkst und in einen tiefen, traumlosen Schlaf fällst. Bis zum Morgen bleibst du an diesem Ort und erst dann machst du dich weiter auf die Reise.

Irgendwann kommt dieses kleine, grüne, liebliche Männchen mal wieder, ganz zufällig, am Wegesrand vorbei, schaut dich bittend an, aber du erinnerst dich an diese grausige Erfahrung. Du weist es immer wieder sicher ab und ziehst unbeirrbar weiter.

Lesen Sie jetzt das PDM-Trainingserlebnis „Geborgenheit" ab Seite 142.

Im Bann der Süchte

Süchte wie die Nikotinsucht sind eine Art Erkrankung mit vielen möglichen Erscheinungsformen. Ob dabei legale Suchtmittel wie Zigaretten, Alkohol und bestimmte Medikamentengruppen oder illegale Substanzen wie Drogen suchtartig gebraucht werden oder bestimmte Tätigkeiten suchtartig ausgeübt werden – das Grundmuster der Sucht ist immer dasselbe.

GLÜCKSTAUMEL DURCH SCHMERZEN

Neben den bekannten Suchtmittelabhängigkeiten gibt es auch eine ganze Reihe von Tätigkeiten, die einen chemischen Schockzustand auslösen können. Dazu gehören Essstörungen, Glücksspiel und Wetten, Video- und Fernsehkonsum, Computerarbeit und -spiele, Shoppen und süchtiges Betreiben von Sport.

Dieser Schockzustand wird auch durch das Aufschneiden der Arme und Beine hervorgerufen. Wir kennen dieses Symptom vor allem bei Jugendlichen. Dabei versperren Endorphine die Schmerztüren und aktivieren Dopamin.

Wir sind gewohnt, dass erleichternde Erlebnisse eben diese Dopamin-Achse in unserem Körper ansprechen. Das verschafft Glücksgefühle. Es handelt sich aber in Wirklichkeit um einen Schockzustand, der normalerweise den Schmerz ertragen lassen soll, bis Hilfe da ist. Dieser Glückstaumel kann durch Selbstverletzung, durch Sport, durch Erbrechen und/oder sogar durch Hungern hervorgerufen werden.

SCHLÜSSELROLLE DOPAMIN

Wahrscheinlich ist das Dopamin die Hauptursache dafür, dass Menschen rückfällig werden. Es wird nämlich bei allen Suchterkrankungen aktiviert, sogar bei Magersucht und Selbstverletzung. Und man kann von körpereigenen Stoffen süchtig werden. Dafür bedarf es keiner chemischen Substanz, sondern nur des erhöhten eigenen Endorphins und Dopamins. Diese Hormone und Neurotransmitter werden vom Körper selbst produziert und aktiviert. Es gibt also einerseits Gifte, die einen Schockzustand und Dauerglückstaumel auslösen. Andererseits rufen Suchttätigkeiten den gleichen Zustand mit dem körpereigenen Betäubungssystem hervor.

Süchte lassen sich mit hormonellen Abläufen im Körper erklären, die zum Beispiel bei der Jagd vor sich gehen. Um die hormonelle Situation im Körper beim Jagdtrieb zu verstehen, betrachte ich etwa gerne eine Katze. Ich habe einmal einer Katze eine Maus weggenommen, die sie mir ins Haus brachte. Die Maus war noch unverletzt. Ich wusste nicht, was ich der Katze damit angetan hatte. Die Katze lief im Kreis und miaute unentwegt. Sie drehte sich im Kreis und schrie. Ich konnte sie nicht beruhigen. Die Katze war gerade durch die Jagd derart mit dem Hormon Adrenalin aktiviert, dass sie das Spiel mit der Maus, das Zubeißen und den Tod der Maus gebraucht hätte, um das Adrenalin abbauen zu können. Ähnlich kann man Suchttätigkeiten wie Konsum-, Spiel-, Computer-, die Arbeits- oder Putzsucht verstehen. Jede Sucht schränkt uns in unserem natürlichen Leben ein.

SUCHT VERÄNDERT DEN CHARAKTER

Sie können die Nikotinsucht als eine schreckliche Partnerschaft ansehen. Man sieht sich leiden, versucht die Beziehung immer wieder zu beenden und beginnt sie doch wieder von Neuem. Bei jedem dieser Versuche droht der Partner, lockt, erpresst, wendet

Tausende Tricks an. Solche Partnerschaften kann man nur allein beenden, niemand kann einem dabei helfen. Ist dem Partner nicht genügend klar, dass die Entscheidung aus dem Innersten des Gegenübers kommt, wird er es nie lassen, zu erpressen. Als Betroffener entscheide ich allein.

Der klare Verstand kann die neuen inneren Bilder aufbauen und Glück bringende Hormone aktivieren.

Doch wenn Sie insgeheim einmal an einer Zigarette ziehen, ist es vorbei. Die Endorphinproduktion ist augenblicklich ausgeschaltet und Sie haben kein natürliches Schmerzmittel mehr. Das Gehirn muss sich das Nikotin holen. Die Vergiftung nimmt so ihren Lauf. Sie brauchen im Verstand absolute Klarheit. Wie soll das Unbewusste das sonst verstehen? Sofort sind die Endorphine geschlagen, die Fesseln wieder da! Auch wenn Sie bei Rauchenden nur absichtlich „mitschnuppern". Es zeigt, dass Sie (Ihre inneren Bilder) noch immer glauben, dass Sie auf etwas verzichten. Ihr Unbewusstes (ähnlich dem erpressenden Partner) verzichtet nicht. Nur mit einer klaren Entscheidung entkommen Sie.

Mit dem Psychodynamischen Modelltraining (PDM) erhalten Sie ein Werkzeug, womit das fehlende Dopamin, Oxytocin und Opioid, die bei jedem Beenden von Sucht zu gering vorhanden sind, mit natürlichen Mitteln angekurbelt werden.

Rauchen: Zahlen, Daten, Fakten

SO RAUCHT ÖSTERREICH

Wir sind definitiv ein Land der Raucher, greifen doch rund 2,3 Millionen Menschen (1,3 Millionen Männer und 1 Million Frauen) in Österreich zur Zigarette. Und so werden jährlich 13 Milliarden Zigaretten geraucht – Tendenz steigend. Damit liegt Österreich im europäischen Spitzenfeld. Was den Prozentsatz der jugendlichen Raucher anbelangt, werden wir sogar in ganz Europa nur von Grönland überboten. Jeder vierte 15-Jährige raucht täglich. Unter den 16-Jährigen sind es 42 Prozent, in der Gruppe der 17-Jährigen konsumiert gar jeder Zweite regelmäßig Tabak. Mit letalen Folgen: Rund 14.000 Österreicher – das sind 38 täglich – sterben jährlich an den Folgen ihres Tabakkonsums.

Bei den Konsumenten ist übrigens ein Trend zu sehen: So hat sich der Tabakkonsum in den letzten Jahrzehnten für beide Geschlechter unterschiedlich entwickelt. In den 1970er-Jahren rauchten 39 Prozent der männlichen und 10 Prozent der weiblichen Bevölkerung. Über die Jahre nahm bei Männern der Anteil der täglichen Raucher kontinuierlich ab und liegt nun bei 27 Prozent. Bei den Frauen zeigte sich ein gegenläufiger Trend. Der Anteil der Raucherinnen stieg fortdauernd um insgesamt neun Prozentpunkte auf aktuell 19 Prozent.

Laut Mikrozensus der Statistik Österreich aus dem Jahr 2006/2007 raucht beinahe ein Viertel der österreichischen Bevölkerung täglich. Den höchsten Anteil an Rauchern gibt es bei den jungen Erwachsenen (20 bis 24 Jahre). Jede dritte Frau (34 Prozent) und jeder dritte Mann (36 Prozent) dieser Altersgruppe rauchen täglich. Bei den Männern sind auch in den nachfolgenden Altersgruppen Raucheranteile zwischen 30 und 36 Prozent zu finden, bei den Frauen verliert das Rauchen etwas an Attraktivität. Nur noch ein Fünftel (21 Prozent) der Frauen im Alter von 30 bis 34 Jahren rauchen täglich.

SO STARTET DIE RAUCHER-KARRIERE

Und das Schlimme: Bereits die ganz Jungen können vom Tabak nicht lassen.

Die Ergebnisse der Gesundheitsbefragung 2006/07 zeigen, dass eine Minderheit bereits in der Kindheit (bis 13 Jahre) zu rauchen (6 Prozent) beginnt. Ein Viertel startet seine Rauchkarriere bis zum 15. Lebensjahr, und mehr als die Hälfte hat bis zum Alter von 17 Jahren den Einstieg in das gewohnheitsmäßige Rauchen vollzogen. Bei den über 30-jährigen Raucherinnen und Rauchern erfolgte der Beginn der Raucherkarriere bei Frauen in der Regel etwas später als bei Männern. Bei der jüngeren Bevölkerung (15 bis 29 Jahre) beginnen die Frauen früher zu rauchen. Von den täglich rauchenden 15- bis 29-jährigen Frauen haben 14 Prozent bis zum Alter von 13 Jahren und 44 Prozent bis 15 Jahre mit dem Rauchen begonnen. Bei gleichaltrigen Männern lauten die entsprechenden Werte 9 (Rauchbeginn bis zum Alter von 13 Jahren) beziehungsweise 34 Prozent (Rauchbeginn bis zum Alter von 15 Jahren).

DAS LEID DER PASSIVRAUCHER

Tabakrauch gefährdet aber nicht nur die Raucher, sondern auch jene Menschen, die in ihrer Umgebung leben und arbeiten. Wenn Tabakrauch über die Atemluft vom Menschen aufgenommen wird, spricht man von Passivrauchbelastung oder Passivrauchen. An den negativen gesundheitlichen Folgen des Passivrauchens besteht heutzutage kein Zweifel mehr. Wie die Gesundheitsbefragung 2006/07 zeigt, sind in Österreich etwa 10 Prozent der nicht täglich rauchenden Bevölkerung bei sich zu Hause Tabakrauch ausgesetzt, bei den Jugendlichen (15 bis 19 Jahre) ist sogar jeder Fünfte (22 Prozent) betroffen. Ein Viertel der Personen, die selbst nicht täglich rauchen, sind an ihrer Arbeitsstelle Tabakrauch ausgesetzt, die Hälfte dieser Betroffenen jedoch weniger als eine Stunde am Tag.

GESUNDHEITSKILLER RAUCHEN

Die Herstellung von Zigaretten als Handelsprodukte begann im frühen 20. Jahrhundert; bis zum Ende des 20. Jahrhunderts wurden mehr als 100 Millionen Raucher durch die Zigaretten getötet. Alle zehn Sekunden stirbt weltweit ein Mensch durch Tabakkonsum, pro Jahr sterben 4,9 Millionen Menschen, 50 Prozent davon im Alter zwischen 35 und 69 Jahren, 50 Prozent im hohen Alter. Ohne koordinierte internationale Maßnahmen ist bis 2020 mit einem Anstieg auf 10 Millionen jährlich zu rechnen.

Bis jetzt wird versucht, Raucher abzuschrecken, indem man sie mit dem Risiko des Sterbens oder schlimmer Krankheiten konfrontiert. Darauf reagieren aber Raucher in der Regel nicht mit Abstinenz, sondern mit der nächsten Zigarette. Meiner Erfahrung nach lassen sich Raucher viel eher von „harmloseren" Dingen beeindrucken, wie schlechtem Atem, gelben Zähnen oder verfärbten Fingernägeln.

MERKE:
Rauchen beeinträchtigt unsere körperliche Leistungsfähigkeit und unser Wohlgefühl. Rauchen ist der wissenschaftlich am intensivsten untersuchte Risikofaktor und gilt als Risikoverhalten mit den deutlichsten Auswirkungen auf die Gesundheit. Kein anderes Verhalten hat einen vergleichbar starken Einfluss auf die Gesamtsterblichkeit wie das Rauchen.

INFO:
Ein Drittel aller Herz-Kreislauf-Erkrankungen und fast 90
Prozent der Lungenkarzinome werden durch Rauchen verur-
sacht.

WARUM RAUCHEN SÜCHTIG MACHT

Wir wissen, dass Rauchen schädlich ist und unsere Gesundheit
gefährdet. Dennoch greifen – wie bereits erwähnt – 2,3 Millionen Österreicher täglich zur Zigarette. Im allgemeinen Sprachge-
brauch bedienen sie damit ein „Laster" oder, schlimmer noch,
frönen dem „Tabakgenuss". Tabakrauchen gilt in unserer Gesellschaft schlimmstenfalls als schlechte Angewohnheit, in Wirklichkeit handelt es sich aber um den Gebrauch eines Suchtgifts.
　　Eine Zigarette enthält nämlich nicht nur das süchtig ma-
chende Gift Nikotin, sondern außerdem auch noch Tausende
anderer Schadstoffe. Bis zu 700 verschiedene chemische Zusätze
können von den Zigarettenherstellern verwendet werden, aber
das Gesetz erlaubt den Firmen, ihre Listen über die Inhaltsstoffe
geheim zu halten. Auf den Listen stehen jedoch Schwermetalle,
Pestizide und Insektizide. Manche Inhaltsstoffe sind so giftig,
dass es ungesetzlich ist, sie auf eine Mülldeponie zu bringen.
Zigarettenrauch enthält Teer; er setzt sich aus 4000 verschiedenen chemischen Substanzen zusammen. Davon gelten 43 als
krebserregend. Darunter fallen Cyanid, Benzol, Aceton, Arsen,
Butan und Acetylen (ein Brenngas in Schweißbrennern). Zigarettenrauch enthält außerdem Stickstoffoxid und Kohlenmonoxid,
beides giftige Gase. Weiters mischt die Tabakindustrie dem Tabak
viele Stoffe bei, die ebenfalls süchtig machen. Vanille, Zimt, Zucker und andere Geschmacksstoffe sorgen dafür, dass der
Mensch, angefangen beim Kind, den schlechten Geschmack der
ersten Zigarette, der als natürliche Warnung vor dem inhalierten

Gift dienen soll, möglichst nicht mehr wahrnimmt. Menthol soll den Hustenreflex lähmen. Die Hauptursache, warum so viele Menschen jedoch nicht oder nur sehr schwer vom Rauchen loskommen, ist das Nikotin, das innerhalb von wenigen Sekunden ins Gehirn gelangt und dort eine Ausschüttung von Glückshormonen verursacht – so wie im Kapitel „Nikotin" beschrieben.

DAS SAGT DAS GESETZ

Die Zeitschrift „The Economist" schrieb: „Zigaretten gehören zu den einträglichsten Konsumgütern der Welt. Sie sind auch die einzigen ‚legalen' Konsumgüter, die – wenn sie, wie vorgesehen, konsumiert werden – die meisten ihrer Verbraucher süchtig machen und häufig deren Tod verursachen." Für die Tabakfirmen bedeutet das hohe Profite, für ihre Kunden hingegen ein immenses Risiko. Durch Rauchen kommen nämlich 50 Mal mehr Menschen ums Leben als durch illegale Drogen.

Wie fatal jovial mit der Droge Tabak umgegangen wird, zeigt die Tatsache, dass bis vor wenigen Jahren die Nutzung von Tabak im „Genussmittelgesetz" reguliert wurde. Mittlerweile ist man in der gesamten EU dazu übergegangen, das Gesetz zumindest „Tabakgesetz" zu nennen.

Die EU-Tabakproduktrichtlinie wurde im Juni 2001 vom Europäischen Parlament verabschiedet und danach sukzessive von den Mitgliedsstaaten in nationales Recht umgesetzt. Die Richtlinie regelt unter anderem, welche Tabakerzeugnisse für das In-Verkehr-Bringen zugelassen sind. Des Weiteren schreibt die Tabakproduktrichtlinie auch die Vorgaben für Warnhinweise und Produktinformationen vor, an die sich alle Mitgliedsstaaten halten müssen.

Die EU-Tabakwerberichtlinie regelt die Werbebeschränkungen für Tabakprodukte. Demnach ist im Wesentlichen nahezu jegliche Form der Werbung und des Sponsorings für

Tabakerzeugnisse mit grenzüberschreitender Wirkung verboten.

Außerdem gibt es auf EU-Ebene Richtlinien, die die Rahmenbedingungen für die Besteuerung von Tabakerzeugnissen in den Mitgliedsstaaten festlegen.

In Österreich sind die EU-Bestimmungen seit August 2003 Bestandteil des Tabakgesetzes. Die wichtigsten Bestimmungen betreffen folgende Bereiche:

Inhaltsstoffe

Seit 1. Jänner 2004 dürfen im Rauch einer Zigarette der Kondensat- (Teer-) Gehalt 10 Milligramm, der Nikotingehalt 1,0 Milligramm und der Kohlenmonoxidgehalt 10 Milligramm pro Zigarette nicht überschreiten.

Was nicht verkauft werden darf

Das österreichische Tabakgesetz legt fest, dass das „In-Verkehr-Bringen" von Tabakerzeugnissen, die den erlassenen Verordnungen nicht entsprechen, verboten ist. Ebenso wie der Verkauf von Einzelzigaretten, unverpackten Zigaretten oder Zigarettenpackungen unter einer Mindestgröße von 20 Stück. Der Bundesminister für Gesundheit, Familie und Jugend ist im Einvernehmen mit dem Bundesminister für Finanzen ermächtigt, im Interesse der Tabakprävention zur Sicherstellung eines Mindestpreisniveaus den Mindestkleinverkaufspreis für Tabakerzeugnisse durch Verordnung festzusetzen. Der Mindestpreis für Zigaretten liegt in Österreich bei 3,45 Euro.

Warnhinweise, die schocken sollen

Zigaretten-Packungen müssen auf der Vorderseite der Packung mit dem Warnhinweis „Rauchen kann tödlich sein" oder „Rauchen fügt Ihnen und den Menschen in Ihrer Umgebung erheblichen Schaden zu" und Ergänzungen wie etwa „Schützen Sie Kinder – lassen Sie sie nicht Ihren Tabakrauch einatmen" gekennzeichnet sein.

Aus meiner Sicht sind diese Warnungen eher kontraproduktiv. Der schwarze Rand und die negativen Botschaften lösen schlechte Gefühle aus. Und was macht ein Raucher, wenn er sich schlecht fühlt? Er raucht einmal eine Zigarette. Man erreicht also das Gegenteil des Beabsichtigten.

WERBUNG UND SPONSORING

Der kernige Cowboy, der nichts als die absolute Männlichkeit und Freiheit kennt – und dazu gehört selbstverständlich die passende Zigarette –, hat schon länger ausgedient.

Werbung, durch die der Eindruck hervorgerufen wird, dass der Genuss von Zigaretten oder anderen Tabakerzeugnissen gesundheitlich unbedenklich sei, ist absolut verboten.

Ebenso jede verbilligte Abgabe, Gratisverteilung und Zusendung von Tabakerzeugnissen mit dem Ziel der Verkaufsförderung. Ausgenommen von diesem Verbot ist die stückweise Gratisabgabe an erwachsene Raucher in Tabaktrafiken anlässlich der Neueinführung einer Marke innerhalb eines Zeitraumes von sechs Monaten nach erstmaligem Verkauf dieser Marke.

Diese Form der Werbung braucht man allerdings ohnehin nicht mehr. Jedes Kind und jeder Jugendliche in unserer Gesellschaft sind daran gewöhnt, Raucher zu sehen. Und wie diese mit Entspannung und Erleichterung auf den Zigarettenkonsum reagieren. Wir wissen: Nach einer Stunde hat das Nikotin den Körper verlassen und der Raucher ist schon zu lange auf Entzug. Er braucht wieder eine Zigarette. Das Kind sieht, wie er sich eine anzündet. Innerhalb von sieben Sekunden ist Nikotin im Gehirn und wirkt als Schmerzmittel im Raucher. Sein Gesicht entspannt sich, seine Augen leuchten auf. Bis er fertig geraucht hat. Dann verlässt das Nikotin wieder das Gehirn und er wird nervös, angespannt und nach einer Stunde raucht er erneut eine. Sein Gesicht entspannt sich, seine Augen leuchten auf. Bis er fertig geraucht hat. Dann verlässt das Nikotin wieder das Gehirn und er wird nervös …

Sichtbar für das Kind sind nur die Entspannung und das Leuchten in den Augen. Den Entzug, der beim Beenden die Erleichterung bringt, sieht das Kind nicht. Das ist die beste Werbung für die Tabakindustrie!

DAS RAUCHVERBOT

In vielen Ländern Europas, beispielsweise in Italien, Irland, Norwegen, Schweden und Mazedonien, wurde bereits ein absolutes Rauchverbot für öffentliche Verkehrsmittel und Gebäude sowie die Gastronomie verhängt. Wer dennoch raucht, dem drohen Strafen von bis zu 3000 Euro. In Österreich gelten derzeit eingeschränkte Verbote: In öffentlichen Gebäuden wie Museen, Gerichten, Schulen, Ämtern, Krankenhäusern, Bahnhöfen oder Flughäfen sowie in öffentlichen Verkehrsmitteln ist das Rauchen verboten – Verstöße hiergegen führen jedoch mit Ausnahme des Rauchverbotes in Verkehrsmitteln nicht zu einer Bestrafung für dieses Vergehen. Eine Konsequenz hat das Rauchverbot allerdings auf jeden Fall: Es macht schlechte Stimmung gegen Raucher.

Seit 1. Jänner 2009 herrscht in Österreich folgende recht komplizierte Rechtslage für die Gastronomie: Grundsätzlich herrscht Rauchverbot. Besteht ein Lokal aus mehreren Räumen, muss der Hauptraum, der auch mehr als 50 Prozent der Plätze beinhalten muss, rauchfrei sein. Lokale unter 50 Quadratmetern haben Wahlrecht, ob Rauchverbot herrscht. Dabei muss deutlich gekennzeichnet sein, ob es sich um ein Raucherlokal handelt oder nicht. Bei Einraumlokalen bis zu 80 Quadratmeter Größe darf der Wirt das Rauchen erlauben, wenn er nachweisen kann, dass eine Abtrennung aus rechtlichen Gründen „im Rahmen der Änderung der Betriebsanlage" nicht möglich ist.

Strafbestimmungen

Das Tabakgesetz sieht für die Nichteinhaltung der gesetzlichen Regelungen folgende Strafen vor:

Wer Tabakerzeugnisse entgegen den Bestimmungen des Tabakgesetzes in Verkehr bringt oder Werbung beziehungsweise Sponsoring betreibt, begeht eine Verwaltungsübertretung und ist mit Geldstrafe bis zu 7260 Euro, im Wiederholungsfall bis zu 14.530 Euro zu bestrafen.

Wer als Lokal-Inhaber gegen die Nichtraucherbestimmungen verstößt, begeht eine Verwaltungsübertretung und ist mit einer Geldstrafe bis zu 2000 Euro, im Wiederholungsfall bis zu 10.000 Euro zu bestrafen.

Wer an einem Ort, an dem laut Tabakgesetz ein Rauchverbot besteht oder an dem das Rauchen vom Inhaber nicht gestattet wird, raucht, begeht eine Verwaltungsübertretung und ist mit einer Geldstrafe bis zu 100 Euro, im Wiederholungsfall bis zu 1000 Euro zu bestrafen.

Rauchen ist also gesetzlich erlaubt und in Österreich auch größtenteils öffentlich möglich. In der Gesellschaft wird Rauchen derzeit noch vielerorts als lieb gewonnenes Laster, Genussmittel oder höchstens schlechte Angewohnheit gesehen. In den folgenden Kapiteln werden Sie jedoch erfahren, wie die Zigarette uns beeinflusst und manipuliert, wie sie das Gehirn täuscht und was in unserem Körper passiert, wenn wir rauchen. Vor allem aber werden Sie erfahren, wie Sie das Rauchen einfach aufgeben können!

Die anderen Entwöhnungsmethoden

Jedes Jahr versucht jeder zweite Raucher, der Nikotinsucht zu entrinnen. Doch fast alle scheitern, werden wieder rückfällig. Gerade einmal fünf Prozent derjenigen, die auf eigene Faust danach trachten, dem Nikotin zu entsagen, bleiben ein Jahr lang rauchfrei. Dabei gibt es fast so viele Methoden, die bei der Rauchentwöhnung helfen sollen, wie Zigarettenmarken.

Allerdings sind die meisten nur mäßig erfolgreich. Und an die Erfolgsquote von Braindesign mit 41 Prozent kommt keine Methode heran. Ein Überblick soll dennoch die gängigsten Verfahren und Programme zeigen.

DIE SELBSTENTWÖHNUNG

Ganz allein mit dem Rauchen aufzuhören, gelingt nur wenigen Raucherinnen und Rauchern. Voraussetzung für diese Methode ist absolute Willensstärke. Mit einer Erfolgsquote von fünf Prozent sind die Aussichten nicht vielversprechend. Vor allem wer schon mehrere erfolglose Versuche unternommen hat, sollte sich nach anderen Entwöhnungsmethoden umsehen.

RAUCHERBERATUNG BEIM ENTWÖHNUNGSSPEZIALISTEN

Etwa bei einem spezialisierten Allgemeinmediziner, einer spezialisierten Allgemeinmedizinerin, in einem Spezialinstitut (zum Beispiel Nikotin Institut Wien, Niederösterreichisches Nikotininstitut, örtliche Stellen der Gebietskrankenkassen sowie Lungenabteilungen in Krankenhäusern) oder bei einem Nichtraucherkurs. Gemeinsam mit Expertinnen und Experten wird ein Therapieplan erstellt und eine individuell passende Methode ausgewählt, der Entwöhnungswillige wird in regelmäßigen Treffen beraten, um Rückfälle zu vermeiden. Hier ist die Erfolgsquote extrem abhängig von der Qualität der Beratung und variiert deshalb je nach Studie zwischen 5 und 13 Prozent.

AKUPUNKTUR

Die alternative Methode kann starke Entzugssymptome zu Beginn eines Nikotinentzugs mildern und die Gier nach einer Zigarette dämpfen. Besonders eignet sich dafür die beruhigende Ohrakupunktur, die durch die Körperakupunktur unterstützt werden kann. Die Akupunktur wirkt bei einigen Raucherinnen und Rauchern sehr gut, bei anderen ist sie weniger erfolgreich. Auch hier kommt man auf einen durchschnittlichen Wert von sechs Prozent.

HYPNOSE

Bei der Hypnose kann die Therapeutin, der Therapeut in das Unbewusste der Raucherin, des Rauchers einwirken und dabei Anweisungen zur Verhaltensänderung geben oder das Nichtrauchen mit positiven Gefühlen in Zusammenhang bringen. Diese Methode ist jedoch wissenschaftlich nicht abgesichert. Die Statistik spricht jedoch auch hier von sechs Prozent Erfolgsquote.

NIKOTINERSATZPRÄPARATE

können die Erfolgsrate verdoppeln: Inhalatoren, Kaugummis, Pflaster, Tabletten oder Nasensprays sollen dabei helfen. Man muss nur eines wissen: Nikotinersatzprodukte erhalten den Dauerschockzustand aufrecht. Rund 15 Prozent schaffen es, mit dieser Methode vom Rauchen loszukommen. Wie viele Menschen aber vom Nikotinersatzprodukt abhängig bleiben, ist nicht erhoben.

MEDIKAMENTÖSE THERAPIE

In Österreich stehen derzeit zwei rezeptpflichtige Präparate zur Verfügung, deren Erfolgsquote je nach Studie zwischen 15 und 23 Prozent liegt.

* **Zyban (mit dem Wirkstoff Bupropion):** Die Wirksamkeit von Bupropion ist wissenschaftlich belegt, der dahinter liegende Mechanismus ist jedoch unbekannt.
* **Champix (mit dem Wirkstoff Vareniclin):** Vareniclin besetzt direkt die verantwortlichen Rezeptoren im Gehirn. Symptome des Nikotinentzugs werden dadurch gelindert.

PSYCHOLOGISCHE METHODEN

Verhaltenstherapeutisch orientierte Methoden zielen darauf ab, den Betroffenen Selbstkontrolltechniken anzubieten. Schrittweise sollen Raucher lernen, ihr Suchtverhalten zu beobachten, zu analysieren und Situationen, in denen sie rauchen, zu verändern. Schrittweise reduzieren Teilnehmer solcher Programme ihren Konsum und erlernen Verhaltensalternativen. Bis zu 23 Prozent schaffen es, mit Verhaltenstherapie in Kombination mit Nikotinersatzpräparaten langfristig mit dem Rauchen aufzuhören.

Teil 2:

Das Erfolgs-Programm

So funktioniert Braindesign

Bevor Sie mit Ihrem Trainingsplan beginnen, noch einmal die wichtigsten Informationen zur erfolgreichsten Rauchentwöhnungsmethode der Welt:

Braindesign ist ein Verfahren zur Verhaltensänderung. Es wirkt im limbischen System, jenem Teil des Gehirns, der für die unbewusste Verhaltenssteuerung zuständig ist.

Braindesign hat eine Erfolgsquote von 41 Prozent. Das wurde auch wissenschaftlich überprüft – in einer großen randomisierten und klinisch kontrollierten Studie, die Dr. Gerhard Zernig von der Abteilung für Experimentelle Psychiatrie an der Medizinischen Universität Innsbruck durchgeführt hat.

Der Vergleich zu anderen Entwöhnungsmethoden zeigt, dass Braindesign die erfolgreichste ist. Die Erfolgsquoten im Überblick: Selbstentwöhnung 5 Prozent, Beratung beim Entwöhnungsspezialisten 5 bis 13 Prozent, Akupunktur und Hypnose je 6 Prozent, Nikotinersatzpräparate 15 Prozent, medikamentöse Therapie 15 bis 23 Prozent und Kombinationstherapien mit Nikotinersatz 23 Prozent.

Ein besonderer Duft, der in Form eines Lesezeichens beiliegt, ist ein wichtiger Bestandteil der Braindesign-Rauchentwöhnungsmethode. Dieser spezielle Orangen-Zitronen-Zimt-Duft wird Ihnen helfen, leichter mit dem Rauchen aufzuhören. Ihr Gehirn registriert den Geruch des Braindesign-Duftes und verbindet alles, was Sie in diesem Buch lesen und sich dabei denken, mit diesem Duft. Das wird Ihnen dabei helfen, sich neue innere Bilder einzuprägen.

Das Kernstück von Braindesign sind die psychodynamischen Trainingserlebnisse (PDM). Diese basieren auf einer Anleitung zur Aktivierung positiv wirkender körperlicher Botenstoffe mithilfe von Autosuggestion. Bei PDM geht es also um ein gezieltes

Arbeiten mit dem Körper, mit dem Ziel, dass dieser schlussendlich fähig sein soll, Glückshormone auf Knopfdruck freizusetzen. Hormone sind die wichtigsten chemischen Botenstoffe im menschlichen Organismus. Ihre Menge und Zusammensetzung entscheidet darüber, wie gut es Seele und Körper geht.

Wie glücklich oder unglücklich wir sind, hängt vor allem von den drei Glückshormonen Dopamin, Opioid und Oxytocin ab.

Aktiviert wird die Ausschüttung von Glückshormonen durch die Arbeit mit den geführten Geschichten. Sie lernen, glückliche innere Bilder jederzeit so abzurufen, dass Botenstoffe „glückliche Nachrichten" im Körper ausschütten. Jeder Mensch hat seine ganz eigene Bilderlandschaft.

Innere Bilder sind im Gehirn abgespeicherte Muster, die wir benutzen, um uns in der Welt zurechtzufinden. Wir brauchen diese Bilder, um Handlungen zu planen oder auf Bedrohungen zu reagieren. Aufgrund dieser inneren Bilder erscheint uns etwas schön oder hässlich.

Diese inneren Bilder verkörpern auch unsere seelischen Häuser oder unsere vier seelischen Fähigkeiten. Mit PDM kann ich lernen, diese Fähigkeiten zu stärken und bestimmte Botenstoffe beziehungsweise Hormone auszuschütten. Unsere vier seelischen Fähigkeiten sind die Fähigkeit, Aufmerksamkeit auf jemand anderen richten zu können, die Fähigkeit, Zufriedenheit mit dem Alltag erleben zu können, die Fähigkeit, seinen eigenen Wert für die Gemeinschaft erkennen zu können, und die Fähigkeit, sich als Mann beziehungsweise Frau identifizieren zu können.

Positive Gedanken vermehren die Lustmuster des Gehirns anhaltend. Sie beeinflussen die Wahrnehmungen positiv, indem sie die angenehmen inneren Bilder vermehren. Umgekehrt schaden uns negative Bilder. So verschafft es etwa einem Raucher schlechte Gefühle, wenn er davon ausgeht, dass seine Lunge schwarz ist, dass er nur schwer atmen kann und wahrscheinlich krank wird.

Es ist der Aktivierung der inneren Bilderlandschaft im Gehirn völlig gleichgültig, ob ein Reiz real ist oder ob der Reiz durch bestimmte Gedanken provoziert wird, wie beim Durchführen des PDM-Trainings. Das heißt also, dass man seinen Körperzustand willentlich beeinflussen und dass man mit seinen gedanklichen Fähigkeiten jederzeit bewusst einen Körperzustand herbeiführen kann.

Das Nervengift Nikotin ist eines der schwersten Suchtgifte der Welt. Es gelangt innerhalb weniger Sekunden ins Gehirn und sorgt dort für die Ausschüttung von Dopamin. Beim Rauchen „belohnt" sich der Mensch demnach, indem ein Narkosezustand entsteht. Sobald dem Körper kein Nikotin mehr zugeführt wird, kommt es zum Abfall des Dopamin- und Noradrenalinspiegels im Gehirn. Beim Absinken des Nikotinspiegels ruft das defekte Schmerzsystem im Gehirn nach Nikotin. Das Gehirn braucht das Schmerzmittel Nikotin, weil die Endorphinproduktion gestört ist.

Will man mit dem Rauchen nach Braindesign aufhören, muss das Gehirn den verstellten Wert für Dopamin wieder regulieren. Es werden sich neue Verbindungen zwischen den Nervenzellen bilden, die „glückliche" Bilder aktivieren, um die Dopamin-Achse wieder einzustellen. Wir müssen dafür eine neue Daten-Autobahn im Gehirn bauen.

Hören wir mit dem Rauchen auf, fehlt dem Körper auf einmal ein künstlicher „Glücklichmacher". Mit dem Einsatz von PDM-Trainingserlebnissen lassen sich Bilder aktivieren, die im Körper eine Botenstoffausschüttung bewirken, die wiederum natürliche „Glücklichmacher" erzeugt.

Die Glücksgefühle, die man durch PDM erleben kann, können die Entzugssymptome nach dem Rauchstopp lindern. Die geführten Geschichten bewirken ein Genussfähigkeitstraining. PDM stärkt also mit diesen einfachen suggestiven Techniken unsere seelischen Grundfähigkeiten.

Rauchen beeinträchtigt unsere körperliche Leistungsfähigkeit und unser Wohlgefühl. Rauchen ist der wissenschaftlich am intensivsten untersuchte Risikofaktor und gilt als Risikoverhalten mit den deutlichsten Auswirkungen auf die Gesundheit. Kein anderes Verhalten hat einen vergleichbar starken Einfluss auf die Gesamtsterblichkeit wie das Rauchen.

Riechen Sie immer am Duft-Lesezeichen, wenn Sie das Buch zur Hand nehmen. Sie brauchen dieses Lesezeichen oder Ihr Duft-Fläschchen ein Jahr lang nach dem Ausdrücken Ihrer letzten Zigarette immer bei sich. So können Sie – wann immer Sie wollen – die gesundheitsfördernden Botenstoffe der psychodynamischen Trainingserlebnisse aktivieren.

Der erste Schritt des Psychodynamischen Modelltrainings besteht darin, die Aufmerksamkeit nach innen zu lenken. Man zieht sich dabei aus der äußeren Welt zurück. Das gelingt am leichtesten, wenn man eine bestimmte Position einnimmt und den eigenen Atem beobachtet.

Im zweiten Schritt stellen Sie sich die Inhalte der PDM-Trainingserlebnisse so vor, wie Sie sich als Kind Märchen vorgestellt haben. Intensiv, mit ganzer Hingabe, als Teilhaber des Geschehens. Die Texte stehen alle in der Ich-Form. Das soll eine Hilfe sein, sie sinnlich zu erleben.

Der Trainingsfahrplan

Den Braindesign-Trainingsplan sollten Sie etwa drei Zyklen lang verfolgen – das sind also 18 Wochen. Und wenn Sie das Gefühl haben, dass Sie wieder Unterstützung und Klarheit brauchen, dann lesen Sie die Trainingserlebnisse einfach wieder durch und genießen Sie die dadurch aktivierten Botenstoffe.

Es ist wichtig, dass Sie den ganzen Tag wie ein Schauspieler in der Rolle bleiben, die Sie gerade trainieren, und Ihre Alltagserlebnisse in dieser Botenstoffausschüttung erleben. So sollten Sie in der ersten Woche, wenn Sie die „Entschlossenheit" üben und genießen, ein dickes K (für König oder Königin) auf Ihre Hand schreiben. Es wird Sie unentwegt daran erinnern, dass Sie selbst eine Königin oder ein König sind. Es wird in Ihnen sofort ein angenehmes Gefühl der Befreiung auslösen. Sie werden befriedigt durchatmen und sich selbst in Ihrem neuen Sein genießen. Sie werden spüren, wie Sie strahlen!

Wenn das Trainingserlebnis der Organe an die Reihe kommt (zu dem Zeitpunkt, wo sich das Immunsystem wieder umzustellen beginnt), dann erinnern Sie sich mit einem auf der Hand markierten O daran – und Sie werden, sobald Sie es sehen, umgehend die gesunde und aufbauende Aktivität Ihrer befreiten Organe erleben, die für Sie da sind, Ihr Wohlbefinden steigern und die körperliche Regeneration unterstützen können.

In der Woche der Geborgenheit malen Sie sich ein B für Baby auf den Handrücken, in der „Wert"-Woche ein G für Gold und in der letzten Woche ein F für Freiheit.

Sie können und sollen die Gefühle, welche die PDM-Trainingserlebnisse in Ihnen auslösen, jederzeit und überall aktivieren. Egal, ob Sie in der Straßenbahn fahren, arbeiten, einkaufen, allein oder unter anderen sind. Vergegenwärtigen Sie sich die Präsenz dieser Gefühle! Jeder Baum kann Sie an den Baum aus dem

Königsmärchen erinnern und Ihnen Halt und Freude vermitteln. Und wenn Sie durch eine Tür gehen, können Sie sich vorstellen, dass ein feiner Goldregen auf Sie prasselt – und Sie werden umgehend spüren, wie wunderbar sich das auf Ihr Befinden auswirkt. Denn Sie sind Gold wert! Sagen Sie sich vor: „In Zukunft lasse ich nur mehr Gold an mich heran!" und fühlen Sie diesen Wert.

SO VERWÖHNEN UND STÄRKEN SIE SICH

Es kommt also darauf an, diese positiven Gefühle in Ihrem Dasein, in Ihnen selbst, zu verstärken und dunkle, destruktive und böse Bilder tunlichst zu vermeiden.

Unterstützen Sie sich selbst und stellen Sie sich immer wieder etwas Schönes vor: Seien es Wolken, die am Himmel vorbeiziehen, seien es Blumenwiesen oder Berge im Abendlicht, sei es das Gesicht eines geliebten Menschen oder die Vorstellung einer beglückenden Berührung.

Erinnern Sie sich an den Anfang dieses Buches, an die erste Geschichte. Mit der Lichtübung können Sie für sechs Stunden das DHEA im Körper um 100 Prozent erhöhen. Das stärkt Ihr Immunsystem für diese Zeit und Sie sind relativ gut geschützt gegen Krankheiten, die in der Luft liegen. Auch nur ein kleiner Streit senkt das DHEA für sechs Stunden und macht Sie für Krankheiten anfälliger. Nützen Sie Ihren Verstand und die PDM-Trainingserlebnisse, um sich zu stabilisieren. Sie werden damit auch andere Erfahrungen in Ihrem alltäglichen Leben machen. Diese neuen Erfahrungen bilden wieder neue Bahnen und Wege in Ihrem Gehirn aus. Damit erweitern Sie willentlich zu jeder Zeit selbst gewählte, glückliche Bilder in Ihrer inneren Bilderwelt im Gehirn. Diese neuen glücklichen Bilder beeinflussen wiederum Ihre Wahrnehmung der Welt positiv, und Sie werden die Welt glücklicher wahrnehmen. Die PDM-Trainingserlebnisse sind Ihre Konzentrationsübungen dafür.

LEBEN SIE DIE PDM-TRAININGSERLEBNISSE

Trainicren Sie das Königsgefühl. Denken Sie sich drei bis vier Meter groß. Sie sind der einzige Erwachsene in Ihrem Leben. Nur Sie sind zuständig für alle Entscheidungen, die Sie betreffen. Niemand anderer.

Schlüpfen Sie in dieses Gefühl, wann immer Sie das K auf Ihrer Hand sehen: in der Straßenbahn, in der U-Bahn, an der Werkbank, während Sie aufräumen, während Sie unterrichten oder was immer Sie auch tun. Gehen Sie immer wieder innerlich in die Gefühle der PDM-Trainingserlebnisse hinein. Wir haben gesehen, dass jeder einzelne Gedanke sich in unserem Gehirn materiell zeigt. Jeder Gedanke hinterlässt eine sichtbare Spur im Gehirn. Wenn man ein Gehirn aufschneidet, kann man sehen, dass es Wege gibt, die dicker und stärker sind, andere, die weniger stark ausgebildet sind. Man kann die verschiedenen „Eindrücke" im Gehirn mit dem Straßennetz auf der Welt vergleichen.

Je öfter Sie die PDM-Trainingserlebnisse „durchwandern", umso besser sind diese inneren Zustände jederzeit für Sie abrufbar, umso besser und schneller wird das Dopamin das Gehirn für schöne Eindrücke weich machen, sie einprägen und gute Gefühle bewirken. Besser ausgebaute Straßen werden öfter genützt als holprige Wege. Bauen Sie daher Ihre „Entschlossenheitsvernetzung", die „Gesunde Organvernetzung", die „Geborgenheitsvernetzung", die „Wertvernetzung" und „Freiheitsvernetzung" immer besser in Ihrem Gehirn aus. Ihre Alltagserlebnisse werden diese gut ausgebauten Bahnen und Wege nützen und Sie werden immer stärker, immer freier.

DER WEG IN DIE RAUCH-FREIHEIT

Nach dem Ausdrücken der letzten Zigarette bleiben Sie in der ersten Woche im Königsgefühl. Schreiben Sie zu diesem Zweck ein dickes „K" auf Ihren Handrücken. Trainieren Sie wie oben besprochen die ganze Woche.

In der zweiten Woche schreiben Sie bitte ein dickes „O" für das „Organ-Erlebnis" auf Ihren Handrücken. Wenn der Buchstabe blass oder weggewaschen wird, achten Sie bitte gleich darauf, dass Sie den entsprechenden Buchstaben wieder auf den Handrücken schreiben. In der dritten Woche schreiben Sie ein „B" für Baby oder Ihr inneres Kind, in der vierten Woche ein „G" für Gold und in der letzten ein „F" für Freiheit.

Vergessen Sie das bitte nicht. Wenn Sie das nicht ernst nehmen, werden Sie das Training nicht oft genug wiederholen. Wir wissen ja, dass jeder Reiz sofort seine gesamte Architektur im Gehirn aktivieren lässt. Das heißt, sogar wenn Sie den Buchstaben nur unbewusst sehen, wird das PDM-Trainingserlebnis trainiert, das gerade auf Ihrer Hand steht. Und dies aber nur, wenn Sie es oft genug mit dem Buchstaben in Verbindung gebracht haben.

MERKE:

Es ist daher für das Gelingen Ihrer Freiheit unbedingt notwendig, den entsprechenden Buchstaben auf der Hand zu tragen und das mit ihm verbundene „Trainingserlebnis" abzurufen.

Erinnern Sie sich bitte! Nikotin benimmt sich wie ein Hormon. Es kommt „hinterhältig" zu uns. Hormone steuern unser Leben. Um dem Nikotin nicht die Gelegenheit zu geben, unser Leben mitzusteuern, müssen wir unser Gehirn daran gewöhnen, dass wir uns jederzeit und wann immer wir es wollen, absichtlich in Glücksgefühle versetzen können. Und noch dazu in Glücksgefühle, die einen natürlichen Weg im Gehirn ziehen. Das Unbewusste wird mit der Zeit den glücklichen Weg vorziehen, und somit hat das Rauchen in Ihrem Leben keinen Platz mehr. Wenn Sie sich als König oder Königin kennengelernt haben, wenn Sie Ihre gesunden Organe spielend und gesund vor sich und Ihre rosa Lunge frei

124

atmen sehen, wenn Sie darauf achten, dass Sie ausschließlich Gold wert sind, dann sind Sie hell und klar gegenüber dem Vernichter und Betrüger Nikotin.

Achten Sie in Ihrem Training immer darauf, dass Sie ausschließlich GOLD wert sind. Es ist hilfreich, das „GOLD-Trainingserlebnis" immer wieder zu üben – auch zusätzlich zu einem anderen Trainingsschwerpunkt (den Sie ja mit dem entsprechenden Buchstaben auf Ihrer Hand gekennzeichnet haben). In der „GOLD-Woche" trainieren Sie aber nur den „Goldregen".

Sie können auch in Ihrem Alltagsleben den Goldregen so einbauen, dass Sie sich daran gewöhnen, ihn bei jedem Durchgang wie einen Segen über sich niederprasseln lassen. Dabei sollten Sie sich immer, wenn Sie durch eine Tür gehen, darauf konzentrieren, dass der Türstock feinste Golddukaten über Sie gießt. Sollten Sie diese Übung bei einer Tür vergessen haben, gehen Sie zurück, stellen sich kurz unter die Tür und lassen Sie den Goldregen vor Ihrem inneren Auge auf sich niederprasseln. Machen Sie sich immer bewusst: „Ich bin ausschließlich Gold wert. Und sonst nichts! Ich bin ausschließlich Gold wert!" Sagen Sie sich diese Formel immer wieder in der „GOLD-Woche" vor. Das ist eine Konzentrationssache. Wenn Ihnen etwas anderes dazu einfällt, lassen Sie die anderen Gedanken dann immer wie Wolken am Himmel vorbeiziehen. Bleiben Sie in dem Gefühl der „Goldmarie". Ganz egal, was Sie getan haben oder nicht. Wenn Sie einmal gelernt haben, wie es ist, dass Sie ausschließlich Gold wert sind, werden auch Ihre alltäglichen Entscheidungen und Handlungen immer mehr dazu passen.

Riechen Sie bitte am Lesezeichen!

DER DETAILLIERTE TRAININGSPLAN

1. Woche ENTSCHLOSSENHEIT

In der 1., 7., 13. … Woche bewerte ich all meine Erlebnisse als Königin oder König. In meinem Land (Leben) regiere nur ich. Ich habe ein prunkvolles Gewand und bin drei bis vier Meter groß. Ich bewerte alle Erlebnisse in dieser Stimmung.

ICH GEBE MIR MEINEN WEG VOR. MEINE MEINUNG ZÄHLT.

2. Woche GESUNDE ORGANE

In der 2., 8., 14. … Woche lasse ich bei allem, was ich erlebe, meine Organe „spielen". Herz, Lunge, Magen, Darm und all die anderen Organe haben großen Spaß, sich zuzuarbeiten. Ich bewerte alle Erlebnisse in dieser Stimmung.

MEIN KÖRPER IST NUR FÜR MICH DA.

3. Woche GEBORGENHEIT

In der 3., 9., 15. … Woche erlebe ich den Alltag so, dass ich immer gut auf mich aufpasse. Ich halte mich im Arm, spüre meine Wange auf meiner Wange und tiefe Liebe zu mir. Ich bewerte alle Erlebnisse in dieser Stimmung.

ICH BIN MIR HEILIG. ICH PASSE IMMER GUT AUF MICH AUF.

4. Woche WERT

In der 4., 10., 16. ... Woche lasse ich, sooft es mir Freude macht, feine, leichte, warme, glitzernde Golddukaten auf mich prasseln. Sie funkeln und strahlen. Ich bewerte alle Erlebnisse in dieser Stimmung.

AN MICH LASSE ICH NUR GOLD HERAN. ICH BADE IM GOLD.

5. Woche FREIHEIT

In der 5., 11., 17. ... Woche erlebe ich ganz bewusst: Ich bin auf dieser Erde gut aufgehoben. Ich gebe mich ganz hin. Ich bewerte alle Erlebnisse in dieser Stimmung.

ICH BIN FREI.

6. Woche PAUSE

In der 6., 12., 18. ... Woche mache ich keine bewussten Übungen.

LERNEN BRAUCHT PAUSEN.

Trainingserlebnisse

Hier sind Ihre fünf PDM-Trainingserlebnisse für den Weg in die Rauchfreiheit. Lesen Sie – ganz nach dem vorhergehenden Plan – für jede Woche die passende geführte Geschichte.

VORÜBUNG ZUM TRAININGSERLEBNIS „ENTSCHLOSSENHEIT"

Riechen Sie wieder ausgiebig an Ihrem Lesezeichen und lesen Sie das PDM-Trainingserlebnis wie ein Märchen. Fühlen Sie sich ganz hinein.

Alles, was Sie für dieses Erlebnis können müssen, ist, sich innerlich wachsen zu lassen. Stellen Sie sich vor, wie es sich anfühlt, zwischen drei und vier Meter groß zu sein. Probieren Sie es mal aus! Wachsen Sie in Ihrer Fantasie drei bis vier Meter. Sollten Sie sich dabei schwertun, stellen Sie sich vor, auf einer Theaterbühne zu stehen, die sich – und damit auch Sie – so hoch heben lässt, und heben Sie ab. (Sollten Sie Angst verspüren, umgeben Sie sich mit einem Geländer und lassen Sie ein langes Gewand darüber fallen. So ist die Umzäunung unsichtbar.) Achten Sie darauf, nicht zu groß zu werden: nur zwischen drei und vier Meter!

Ziehen Sie ein prunkvolles Gewand an, das Gewand einer Königin, das Gewand eines Königs. Es ist Purpur und Gold, reich verziert mit Edelsteinen und Perlen. Machen Sie es bei jeder Übung prunkvoller. Achten Sie darauf, dass es federleicht bleibt. Ihre Fantasie kann das. Erinnern Sie sich: In der Fantasie kann man sich Welten ausdenken, die physikalischen Gesetzen widersprechen.

Machen Sie Ihr Gewand so prächtig wie möglich. Der Stoff ist mit Goldfäden durchwirkt und nimmt jeden Reichtum auf. Spüren Sie die Wirkung dieser Kleider auf sich.

Achtung! Es muss das Bild einer Königin oder eines Königs sein. Eine Prinzessin oder ein Prinz ist falsch. Das ist sehr wichtig für das Gelingen des Modells!

Erfüllen Sie sich dieses Erlebnis mit der entsprechenden Wirkung. Sie stehen dabei auf einer Hochebene in einem friedlichen Land und blicken weit hinein in dieses Land.

Das nächste vielleicht zu Anfang noch ungewohnte Bild, das Sie in Ihrer Vorstellung entwickeln: Stellen Sie in diesem PDM-Erlebnis Bezugspersonen aus Ihrem Leben rund um sich auf. Diese sind in ihrer Normalgröße, wie im wirklichen Leben. Achten Sie darauf, dass die Bezugspersonen nicht kleiner werden. Die sollen lebensgroß bleiben, wie sie in Wirklichkeit auch sind. Sie stehen da und blicken auf diese Menschen. Sehen Sie die einzelnen Personen mit einem neutralen Gefühl. Nicht mit Liebe, nicht mit Hass, sondern mit dem Gefühl: „Aha, da ist sie. Aha, da ist er." Nicht mehr als ein „Aha" ... ganz egal, wie sehr diese Menschen Sie glücklich gemacht oder verletzt haben.

Dann lassen Sie einen Baum vor sich entstehen. Selbst sind Sie ja drei bis vier Meter groß, so muss auch der Baum zehn bis fünfzehn Meter groß sein. Es ist wichtig, dass er so groß ist. Umarmen Sie den Baum und blicken Sie in die Blätterkrone hinauf. Falls es Ihnen nicht möglich ist, dieses in Ihrer Vorstellung zu erleben, gehen Sie hinaus zu einem großen Baum und umarmen Sie diesen. Riechen Sie die Rinde, lehnen Sie sich an ihn, blicken Sie hinauf in die Krone. Das Erlebnis des weißen Lichtes ist eingeschlossen und somit ein weiterer Bestandteil dieses PDM-Trainingserlebnisses.

Nun kennen Sie die wesentlichsten Bausteine dieses Erlebnisses. Je öfter Sie diese Gefühle und je genauer Sie diese inneren Zustände erleben, umso schneller können Sie diese willentlich und jederzeit herbeiholen.

PDM-TRAININGSERLEBNIS „ENTSCHLOSSENHEIT"

Ich mache es mir bequem, bequem und behaglich.
Mein Körper und meine Gedanken kommen zur Ruhe.
Alles ist ruhig, ich bin ganz ruhig.
Ich schließe meine Augen oder blicke in die Ferne,
ich bin ganz ruhig.
Ich beobachte meinen Atem
und spüre, wie mein Atem kommt und geht.
Die Luft durchströmt meine Lungen,
alles fließt – ich atme ein und aus.

Es ist alles gut. Jetzt ist alles gut.

Ich sehe eine weite Ebene vor mir. Schön und friedlich.
Sanfte Hügel, Wiesen, Felder und dazwischen Wälder,
ich sehe Siedlungen, Ortschaften, Städte. Ich
sehe dieses schöne Land und weiß: Es ist mein Land.
Hier regiere ich.
Ich betrachte mich. Ich stehe in prachtvollen
Kleidern da und sehe mich wachsen. Ich bin drei Meter groß.
Ich wachse weiter und bin jetzt beinahe vier Meter groß.
Ich breite meine Arme aus, ein herrliches Gefühl, stehe da
und weiß: Das ist mein Reich. In meinem Leben regiere ich.
Ich bin König, ich bin Königin in
diesem Land, in meinem Land. Gelassenheit und Sicherheit
durchströmen mich. Und Freude, nichts als Freude.
Mein Gewand ist prachtvoll, kostbar, golddurchwirkt und reich
bestickt mit Edelsteinen und Perlen.
Ich spüre die Wirkung dieses Gewandes in mir.

Nun stelle ich mir Menschen vor, mit denen ich im Leben
zu tun habe und früher hatte. Menschen, die ich kenne.
Ich stelle sie vor meinem geistigen Auge nacheinander um mich auf.

*Ich bin groß, vier Meter groß, sie hingegen sind so groß, wie sie
in Wirklichkeit sind.
Nacheinander stelle ich sie alle um mich auf. Personen aus mei-
nem privaten Leben,
Personen aus dem beruflichen Leben, Menschen aus meiner
Kindheit und der
Gegenwart, immer mehr und mehr.
Ich betrachte alle meine Bezugspersonen sorgfältig,
ich nehme mir Zeit.
Ich bin groß, und ich bin mitten unter ihnen.
Als König oder Königin.
Ich sehe sie mir an und genieße diese Sichtweise.
Jeder hat seinen Platz.
Ich trage die Verantwortung für mich, für
die Menschen, die Tiere, für die Natur.*

*Mein Kopf ist frei und weit, frei und weit.
Die Gedanken fließen klar und ruhig.
Ich bin frei und weit und überblicke mein
gesamtes Leben. In meiner wundervollen Größe lasse ich
einen Baum entstehen. Einen majestätischen Baum mit
starkem Stamm, kraftvollen Ästen und Wurzeln,
die ihn fest am Boden halten, schon seit Hunderten
von Jahren. Seine Blätter glänzen und funkeln
und nehmen jeden Strahl der Sonne auf. Sie
rauschen und flüstern im Wind. Groß und mächtig
stehe ich vor diesem Baum, noch viel größer und mächtiger
steht der Baum vor mir. Ich blicke zu seiner Krone auf,
nehme das Licht, das in den Blättern glitzert, in mir
auf. Ich spüre meine tiefe Liebe zu diesem Baum.
Ich lege meine Arme um den Stamm und die Wange auf die
Rinde. Ein wärmendes Gefühl durchströmt mich. Ich rieche Holz
und Gras und Erde, nehme alle Kraft
des Baums in mir auf. Ich bin stark wie er.*

Ich spüre die Kraft der Äste, den Halt der Wurzeln,
die Leichtigkeit der sonnendurchdrungenen Blätter.
Ich spüre Kraft, Gelassenheit und Ruhe, und ich spüre
Liebe. Ich genieße das Gefühl und weiß: Ich kann
es immer spüren, wenn ich will. Die Blätter wenden
sich der Sonne zu, jedes einzelne Blatt nimmt das helle, weiße
Licht der Sonne auf. Dieses helle, weiße Licht fließt jetzt in mich.
Dieses Licht erfüllt jede Zelle meines Körpers,
ich strahle in hellem, weißem Licht.

Ich regiere in meinem Leben, kraftvoll wie der
Baum. Ich habe Überblick in meinem Leben, ich bin groß
und meine Meinung gilt. Ich gehe nun als König und
als Königin in dieser erhabenen Größe durch mein
ganzes Leben.

Ich spüre nun wieder meinen Atem. Ich atme ein und
aus und ein und aus. Wann immer ich möchte, öffne ich die
Augen und bin wieder da, im Hier und Jetzt. Ich strecke mich und
nehme alles um mich herum wieder wahr.
Ich bin wieder ganz da, im Hier und Jetzt.

Versuchen Sie, heute den ganzen Tag als König oder als Königin
zu verbringen. Ganz gleich, wo Sie sich befinden, sehen Sie sich
vor sich selbst. Dabei betrachten Sie sich durch Ihr „geistiges
Auge", wie Sie dastehen und den Überblick haben. Sie stellen
sich den Baum vor, wie Sie Ihn umarmen. Wenn Sic in der
Bahn/im Bus sitzen, lassen Sie die anderen, wie sie im Leben
sind, rund um sich erscheinen. Sie strahlen in hellem, weißem
Licht. Sie erleben den Tag in prunkvollem Gewand, glänzend
und golden. Sie bleiben immer in der Vorstellung des Königs
oder der Königin. Besonders wenn jemand mit Ihnen schlecht
umgeht, gehen Sie sofort in die Vorstellung des Königs oder der
Königin. Die innere Bilderlandschaft im Gehirn verändert und

passt sich den neuen Wahrnehmungen permanent an. Bewerten Sie einmal alle Situationen an diesem Tag als Königin oder König. Die Wahrnehmung der Außenwelt und deren Anpassung an die innere Bilderwelt – und dies auch umgekehrt – stellt einen dynamischen Prozess dar, der sich dauernd verändert. Genießen Sie diese Sichtweise!

VORÜBUNG ZUM TRAININGSERLEBNIS „GESUNDE ORGANE"

Riechen Sie wieder ausgiebig an Ihrem Lesezeichen.

Machen Sie mit Ihren Gedanken eine Wanderung durch Ihren Körper. Stellen Sie sich die Organe wirklich so vor, wie Bilder und der Text es Ihnen nahelegen, auch wenn Sie die Organe anders als dargestellt kennen sollten. Ihr Unbewusstes reagiert normal so, wie es das bei vielen Menschen tut: Eine „Herzchen-Grußkarte in Rot" löst in der inneren Bilderwelt eine ganze Liebeslawine aus.

Stellen Sie sich vor, Sie wandern wirklich durch Ihren Körper. Ihr Herz winkt Ihnen zu. Denken Sie sich so in die Geschichte hinein, dass Sie tatsächlich das Gefühl entwickeln, sich mit Ihrem Herzen gemeinsam zu bewegen.

Die roten Blutkörperchen können Sie als Hunderte fröhlich kreischender Kinder sehen, die eine Wasserrutsche hinuntersausen. Ihre Blutkörperchen tummeln sich ähnlich vergnügt herum und sind heiter und ausgelassen!

Die Lunge stellen Sie sich pausbäckig vor. Im Magen sind viele kleine Männchen, die unsere Nahrung empfangen und zerkleinern. Sie geben die Teile an den Darm weiter. Der Darm knetet und knetet lustvoll vor sich hin und gibt die „guten Bausteine" an Ihren Körper ab.

PDM-TRAININGSERLEBNIS „GESUNDE ORGANE"

Ich mache es mir bequem, bequem und behaglich.
Mein Körper und meine Gedanken kommen zur Ruhe.
Alles ist ruhig, ich bin ganz ruhig.
Ich schließe meine Augen oder blicke in die Ferne,
ich bin ganz ruhig.
Ich beobachte meinen Atem
und spüre, wie mein Atem kommt und geht.
Die Luft durchströmt meine Lungen,
alles fließt – ich atme ein und aus.

Es ist alles gut. Jetzt ist alles gut.

Ich lockere meinen Körper.
Ich lockere meine Stirn, meine Augen.
Ich lockere meine Nase,
am Kopf meine Haut.
Ich lockere meine Wangen, meine Lippen und mein Kinn –
alles ist ganz locker und gelöst.
Mein Kopf ist frei und weit.

Eine wohlige Wärme durchströmt meinen ganzen Körper.
Bei der Wirbelsäule oben anfangend, lockere ich Wirbel für Wirbel.
Ich lockere meinen Hals, meinen Nacken, meine Schultern,
meinen Rücken, meine Arme.

Die Schultern, mein ganzer Rücken,
jeder einzelne Muskel ist locker und gelöst –
alles ist ganz locker und gelöst.

Ich lockere den Bereich um meinen Nabel,
mein Becken, meine Beine, meine Knie,

meine Waden, meine Füße,
jeder einzelne Muskel ist locker und gelöst.

Vor meinem inneren Auge lasse ich eine Lichtsäule in meinem
Körper entstehen.
Die Lichtsäule strahlt von meinem Beckenboden ausgehend
über den Bereich des Nabels,
am Herzen vorbei,
hinauf zu meinem Hals bis in die Mitte des Kopfes.
Die Lichtsäule erstrahlt in weißem Licht.
Ich dehne diese Lichtsäule aus.
In meinem Körper dehnt sich das weiße Licht weit aus.
Mein ganzer Körper ist hell erleuchtet,
ist voll mit diesem strahlend weißen Licht.
Jetzt dehne ich das Licht noch weiter aus.
Das Licht leuchtet nach außen.
Wie eine Lichtquelle leuchte ich nach außen.
Ich dehne das Licht noch weiter aus,
wie ein Lichtball dehnt sich das Licht um mich herum aus.
Ich strahle im ganzen Raum.
Ich drehe das Licht noch weiter auf
und strahle über das ganze Haus hinaus.
Ich dehne das Licht aus, so weit ich möchte.
Vielleicht über das ganze Land oder über die ganze Welt.
Ich strahle jetzt in weißem Licht.

Vor meinem inneren Auge mache ich mich jetzt auf den Weg.
Ich begebe mich auf eine Wanderung durch meinen Körper.
Ich komme an meinem Herzen vorbei,
das da fröhlich pumpt und pumpt und rhythmisch
und leicht von meinem Atem Luft zugefächelt bekommt.
Mein Herz lacht und winkt mir zu,
sein Schlagen und sein Pumpen machen mir Freude,
machen mir Lust, Lust an der Bewegung.

Ich lache und ich springe wie mein Herz.
Ich sehe, wie es sich ausdehnt,
breit und kräftig und elastisch.
Dann drückt es kraftvoll mein Blut voll Sauerstoff durch die
Adern, bis in jede Faser meines Körpers.
Sicher, fröhlich und verspielt.

Ich sehe die Blutkörperchen wie spielende Kinder
voller Wonne im Lebenssaft schwimmen, rutschen, plantschen
und tollen.
Sie lachen vor Vergnügen.
Jeder Herzschlag tut mir wohl.
Mein Herz ist nur für mich da und hält mein Leben aufrecht und
im Fluss.
Mit jedem Herzschlag strömt Freude durch mich.
Mit jedem Herzschlag strömt Lebenslust durch mich.
Mit jedem Herzschlag strömt Kraft durch mich.
Mit jedem Herzschlag strömen Gesundheit und Behagen durch
mich.
Mit jedem Herzschlag strömen Leichtigkeit und Fröhlichkeit
durch mich.
Mit jedem Herzschlag strömt Liebe. – Mein Herz schlägt nur für
mich.

Ich sehe meine Lunge.
Sie strahlt in ihrer zarten rosa Farbe und lacht mir zu.
Sie dehnt sich aus, holt Luft und Kraft und gibt sie an mich weiter,
fröhlich, kräftig, spielerisch.
Ich atme mit ihr ein und aus und ein und aus.
Wie sich die Lunge dehnt und wie sie reine Luft in mich holt –
und wie sie schließlich alles ausstößt, was gar nicht zu mir gehört.
Meine Lunge, wie sie atmet, atmet nur für mich und für mein Leben.
Sie macht mein Leben frei und rein.
Mit jedem Atemzug strömt Liebe durch meinen Körper.

Jetzt sehe ich meinen Magen.
Voller Lust empfängt er Nahrung,
die mich stärkt und die mir guttut.
Er gibt sie weiter an den Darm, der sie auflöst und verwandelt.
Die guten Stoffe gibt er an mich weiter,
sie stärken mich, sie halten mich, lassen mich leben und gedeihen.
Ich sehe den Darm beim lustvollen Kneten und Werken.
Ich sehe, wie er die kleinen Bausteine verwertet und an den Körper abgibt.
Den Rest scheidet er lustvoll aus.

Ich sehe meine Leber,
die mitten in mir auf mich schaut.
Meiner Leber entgeht nichts.
Sie reinigt alles.
Sie wandelt um, erzeugt und entgiftet, und sie macht klar und frei!

Ich sehe meine Organe wie eine fröhliche
und spielerische Gruppe in mir werken.
Alles funktioniert tanzend und fließend.
Dankbar und vergnügt sehe ich,
wie sich in meinem Körper alles wunderbar zusammenfügt.
Das Leben meiner Organe ist ein Fest voll Freude und Energie.
Ich spüre die Leichtigkeit, die Lebenslust und die Liebe in mir.
Alle diese Gefühle streicheln und pflegen meine Gesundheit und mein Glück.
Ich liebe das Leben!
Die Freude erregt meinen ganzen Körper.
Ich spüre wieder meinen Atem, ich spüre, wie der Atem kommt und geht.
Ich spanne nun wieder meinen Körper, spanne jetzt wieder ganz sanft meine Muskeln.
Ich spanne sanft meine Füße, meine Waden, meine Knie.

Von meiner Wirbelsäule ausgehend, spanne ich mein Becken,
den Bereich um meinen Nabel,
spanne langsam meinen Rücken,
meine Schulterblätter und meine Brust.
Ich spanne meinen Nacken, meinen Hals, mein Kinn,
meine Wangen, meine Lippen und meine Stirn.

Ich spüre nun wieder meinen Atem, ich atme ein und aus,
ein und aus.
Wann immer ich möchte, öffne ich die Augen
und bin wieder da, im Hier und Jetzt.
Ich strecke mich und nehme alles um mich herum wieder wahr.

Ich bin wieder ganz da, im Hier und Jetzt!

Verbringen Sie heute den ganzen Tag mit spielenden Organen. Ganz gleich, wo Sie sich befinden: Sehen Sie Ihr Herz vor sich, wie es pumpt! Stellen Sie sich die Blutkörperchen vor, wie sie rutschen, wie sie plantschen! Wenn Sie mit dem Auto fahren oder in der Bahn sitzen, lassen Sie den Darm lustvoll kneten, die rosa Lunge blasen. Erleben Sie den Tag mit spielenden Organen! Wenn jemand Ihr Rauchverhalten anspricht, stellen Sie sich Ihre Lunge rosa, blasend und spielend vor. Bleiben Sie immer in der Vorstellung der lustvoll sich zuarbeitenden Organe. Die innere Bilderlandschaft im Gehirn verändert sich laufend und passt sich den neuen Wahrnehmungen permanent an. Die Wahrnehmung der Außenwelt und ihre Anpassung an die innere Bilderwelt – wie auch umgekehrt – stellen einen dynamischen Prozess dar, der dauernd passiert. Versuchen Sie, alle Erlebnisse dieses Tages mit laut lachenden und spielenden Organen zu bewerten. Genießen Sie diese Sichtweise!

VORÜBUNG ZUM TRAININGSERLEBNIS „GEBORGENHEIT"

Riechen Sie wieder ausgiebig an Ihrem Lesezeichen und lesen Sie auch dieses PDM-Trainingserlebnis so, wie Kinder ein Märchen erleben. Kinder werden automatisch selbst Helden der Geschichten. Machen Sie es auch so! Erleben Sie die Erzählung, als würden Sie alles selbst spüren. Das Unbewusste muss alle Nervenzellen, die etwa mit einer bunten Blumenwiese zu tun haben, aktivieren können. Vielleicht erinnern Sie sich an eine Biene, die an Blumenblüten saugt. Dann hat Ihre innere Bilderlandschaft eine weitere Vertiefung im Gehirn. Sie haben die Erinnerung an diese Bilder vertieft und damit gelernt. Sehen Sie das nächste Mal eine bunte Wiese und eine Biene auf einer Blume, erleben Sie dieses Ereignis wieder mit dem derzeitigen Gefühl. Vielleicht können Sie sich so weit trainieren. Probieren Sie es aus!

Für diese Übung des Psychodynamischen Modelltrainings brauchen Sie ein Erinnerungsbild: Wie haben Sie als Baby ausgesehen? Nehmen Sie ein Babyfoto von sich zur Hand. Vertiefen Sie damit Ihre Erinnerung. In diesem Trainingserlebnis halten Sie sich als Baby selbst im Arm und füttern sich mit Brei. Das Baby saugt intensiv am süßen Brei, der durch die kleinen Öffnungen am Sauger strömt.

Dadurch bekommen Sie eine innere Vorstellung vom „Zufriedensein". Die Industrie produziert Fläschchen-Sauger mit möglichst großen Öffnungen. Die sollen so groß sein, damit der Säugling möglichst rasch satt wird. Bei dieser Fütterung wird er zwar körperlich satt, aber sein Gehirn hat keine Zeit, das Gefühl „zufrieden" abzuspeichern und nervlich zu vernetzen. Mit diesem Erlebnis legen wir variantenreiche Spuren im Gehirn an, die eine Vielfalt von „Zufriedenheitserlebnissen" vermitteln. Nützen Sie diese Gelegenheit, lassen Sie sich als Baby saugen und sehen Sie zu, wie Sie wachsen und sich kerngesund entwickeln. Dabei drängen sich oft Bilder von eigenen oder verwandten Kindern auf. Konzentrieren Sie sich bitte darauf, dass es sich tatsächlich um Sie selbst handelt. Spüren Sie das Gefühl, wie es ist, sich selbst zu halten!

Dann werden Sie sich als eineinhalbjähriges Kind sehen. Bedenken Sie, mit welcher Freude und Ausdauer Kinder ihre ersten Schritte versuchen. Sie ziehen sich an Möbeln hoch, fallen wieder hin. Dann endlich das erste Gehen! Was für Glucksen und Lachen, was für Freude! Erinnern Sie sich daran und schauen Sie sich selbst genau dabei zu, wie Sie Ihre ersten Schritte machen. Freuen Sie sich über Ihre ersten Schritte! In der nächsten Phase, in der Sie sich selbst halten, sind Sie drei Jahre alt. Versuchen Sie sich zu erinnern, wie Sie damals ausgesehen haben.

Dem folgt das siebenjährige Kind, wie es sich bewusst über das Lösen kleiner Rätsel freut. Das vierzehnjährige Kind. Mit vierzehn waren Sie beinahe so groß wie heute. Das vierzehnjährige Kind steht vor Ihnen, und Sie umarmen es. Denken Sie daran, dass es sich um ein „Trainingserlebnis" handelt. Diese Geschichten wollen eingeübt sein. Je besser Sie die inneren Zustände der Märchen kennen, umso leichter fällt es, sie jederzeit abzurufen. Vielen fällt es schwer, sich als Vierzehnjährigen selbst zu umarmen. Üben Sie bitte trotzdem. Es wird bald funktionieren.

Das nächste innere Bild ist die Umarmung der erwachsenen Person. Streicheln Sie über Ihren Hinterkopf, um ein „Gefühlsbild" dafür zu bekommen. Fühlen Sie, wie sich Ihr Rücken und Ihr Gesäß anfühlen, wenn Sie im Arm gehalten werden. Im letzten Bild erleben Sie die Umarmung als Hundertjähriger/Hundertjährige. Sie blicken in Ihre strahlenden alten Augen, die von einem vielfältigen Leben erzählen.

Spüren Sie genau diese Gefühle, während Sie das Trainingserlebnis aus dem Psychodynamischen Modelltraining lesen. Dabei werden jene Bilder aktiviert und Hormone ausgeschüttet, die wir alle dringend brauchen.

Mit dieser Übung können Sie das Gefühl entwickeln, sich selbst heilig zu sein. Man achtet danach besser darauf, wie mit einem umgegangen wird.

Sie werden danach sagen: Ich habe mich wieder klar wahrgenommen. Ich bin da, ich spüre mich, ich passe gut auf mich auf. Ich spüre, ob das momentan Geschehene mir guttut oder nicht. Ich habe die Verpflichtung, auf mich aufzupassen, weil ich lebe.

Ich bin mir heilig!

PDM-TRAININGSERLEBNIS „GEBORGENHEIT"

Ich mache es mir bequem, bequem und behaglich.
Mein Körper und meine Gedanken kommen zur Ruhe.
Alles ist ruhig, ich bin ganz ruhig.
Ich schließe meine Augen oder blicke in die Ferne,
ich bin ganz ruhig.
Ich beobachte meinen Atem
und spüre, wie mein Atem kommt und geht.
Die Luft durchströmt meine Lungen,
alles fließt – ich atme ein und aus.

Es ist alles gut. Jetzt ist alles gut.

Ich sehe mich als Baby. Ich sehe mich jetzt als Baby vor mir.
Ich nehme dieses Baby in den Arm.
Ich halte mich als Baby
und spüre die Wange des Babys
auf meiner Wange, ich streichle den Kopf des Babys
und spüre eine tiefe Verbundenheit zu diesem Baby.
Ich halte es im Arm und spüre diese tiefe innige Liebe.

Ich gebe dem Baby zu essen.
Ich habe eine Flasche mit warmem, süßem Brei.

Der Sauger an der Flasche hat viele kleine Öffnungen.
Lustvoll saugt das Baby an dem Sauger
und je mehr das Baby saugt,
umso mehr wird in der Flasche von diesem süßen Brei.
Das Baby saugt und saugt.
Die Nahrung versorgt jede Zelle des Körpers.
Ich sehe, wie die Nahrung überallhin fließt.
Ich sehe mir dabei zu, wie ich als Baby wachse.
Ich bin kerngesund und lache vor Vergnügen.

Nun sehe ich mich im Alter von eineinhalb Jahren.
Ich beobachte mich dabei, wie ich die ersten Schritte mache.
Ich richte mich auf und gehe meine ersten Schritte.
Ich quietsche und kreische vor lauter Freude an meiner Bewe-
gung.
Ich kann gehen!
Ich nehme jetzt das kleine Kind in den Arm,
spüre die freudig erhitzte Wange auf meiner Wange und spüre
meine tiefe Liebe zu diesem kleinen Kind.
Ich spüre diese tiefe Liebe zu mir.

Ich sehe mich nun im Alter von 3 Jahren.
Ich habe mich als Kind im Arm.
Ich halte mich als Kind und spüre die Wange des Kindes
auf meiner Wange.
Ich höre mir beim Sprechen zu.
Ich streichle den Kopf des Kindes
und spüre meine tiefe Liebe zu diesem Kind.
Ich halte es im Arm und spüre diese tiefe Liebe zu mir.

Ich sehe mich jetzt als Kind von ungefähr 7 Jahren.
Wie mich kleine Aufgaben anfeuern,
wie ich mit Begeisterung Probleme löse!
Dieser Stolz in den strahlenden Augen!

Ich spüre die Wange an meiner Wange,
streichle den Kopf und spüre die tiefe Liebe zu diesem Kind.
Ich spüre diese tiefe Liebe zu mir.

Das Kind ist nun 14 Jahre alt.
Ich sehe es in seinen Widersprüchen.
Wo findet es seinen Platz in dieser Welt?
Ich habe dieses Kind im Arm.
Ich halte dieses große Kind
und spüre die Wange auf meiner Wange,
ich streichle den Kopf dieses 14-jährigen Kindes
und spüre eine tiefe Liebe.
Ich halte es im Arm und spüre diese tiefe Liebe zu mir.

Ich halte dieses Kind und jetzt ist es erwachsen.
Ich halte mich im Arm.
Ich spüre meinen Rücken in meinen Handflächen.
Ich spüre meinen Körper in meinen Armen.
Ich spüre meine Wange auf meiner Wange und streichle sanft meinen Kopf.
Ich spüre meine tiefe Liebe zu mir.

Nun sehe ich mich im Alter von 100 Jahren.
Viele Falten durchziehen mein Gesicht.
Strahlende Augen erzählen von einem erfüllten Leben.
Meine Worte spiegeln manches Mal meine Kindlichkeit,
manches Mal meine Weisheit und Geborgenheit wider.

Ich halte mich im Arm.
Ich spüre meine feinen Glieder.
Ich spüre meinen alten Körper in meinen Armen.
Ich spüre meine Wange auf meiner Wange und ich streichle sanft meinen Kopf.
Ich spüre meine tiefe Liebe zu mir.

Ich genieße diese Gefühle und ich weiß,
ich halte mich immer im Arm, ich bin immer bei mir.
Was immer ich mache, ich halte mich an der Hand,
ich habe mich im Arm.
Ich bin immer bei mir.
Ich gebe acht auf mich.
Ich passe immer gut auf mich auf.
Eine tiefe innere Ruhe breitet sich in mir aus.
Ich bin ganz ruhig.
Auf mich kann ich mich immer verlassen.

Ich spüre diese tiefe innere Liebe zu mir und bin dankbar,
dass es mich gibt.

Ich spüre nun wieder meinen Atem. Ich atme ein und
aus und ein und aus.
Wann immer ich möchte, öffne ich die Augen und bin wieder da,
im Hier und Jetzt.
Ich strecke mich und nehme alles um mich herum wieder wahr.

Ich bin wieder ganz da, im Hier und Jetzt.

Verbringen Sie den heutigen Tag damit, dass Sie sich bei allen sich bietenden Gelegenheiten umarmen. Fühlen Sie, wie es ist, sich an der Hand zu halten, während man Verhandlungen führt. Streicheln Sie in Ihrer Fantasie Ihre Wangen, während Sie kochen. Sehen Sie sich bei Ihren ersten Schritten und spüren Sie diese Freude. Bewerten Sie einmal die Erlebnisse des Tages auf der Grundlage des „Selbst-gehalten-Werdens". Genießen Sie diese Sichtweise!

VORÜBUNG ZUM TRAININGSERLEBNIS „WERT"

Riechen Sie wieder ausgiebig an Ihrem Lesezeichen
und lesen Sie auch dieses PDM-Trainingserlebnis so, wie Kinder
ein Märchen erleben. Fühlen Sie sich ganz hinein.

In dem folgenden PDM-Trainingserlebnis gehen Sie in Ihrer
Fantasie über matschige, lehmige Erde. Sie gehen ohne Schuhe
und spüren den feuchten Boden. Sie entdecken, dass man aus
dieser tonigen Erde Dinge formen kann. Sie formen Gefäße,
Skulpturen und vieles mehr. Dann wandern Sie weiter, entdecken ein weißes Haus und gehen hinein. Sie hinterlassen erdige
Spuren in diesem Haus, wandern durch das ganze Haus und
verlassen es dann wieder.

Vor diesem Haus entdecken Sie jetzt einen prachtvollen Brunnen mit hübschen wasserspeienden Statuen. Sie nehmen ein angenehmes Bad und das Wasser plätschert von den Statuen auf Sie
nieder. Menschen kommen vorbei und entdecken Ihre Werke aus
Ton. Die Menschen wollen Ihre Werke genießen. Sie geben Ihnen
Gold dafür. Sie werfen feine, federleichte, glitzernde Goldmünzen
in den Brunnen. Immer mehr und mehr, bis ein richtiger Goldregen auf Sie niederprasselt.

Bedenken Sie, dass Gedanken um „Erziehung" oder ähnliche
Kontexte Sie nicht stören sollten. Lassen Sie solche einfach wie
Wolken vorbeiziehen. Hier geht es um ein Trainingserlebnis, bei
dem der Verstand Ihnen keine Einschränkungen bringen soll.

PDM-TRAININGSERLEBNIS „WERT"

Ich mache es mir bequem, bequem und behaglich.
Mein Körper und meine Gedanken kommen zur Ruhe.
Alles ist ruhig, ich bin ganz ruhig.
Ich schließe meine Augen oder blicke in die Ferne,

ich bin ganz ruhig.
Ich beobachte meinen Atem
und spüre, wie mein Atem kommt und geht.
Die Luft durchströmt meine Lungen,
alles fließt – ich atme ein und aus.

Es ist alles gut. Jetzt ist alles gut.

Vor meinem inneren Auge sehe ich mich jetzt auf einem feuchten,
erdigen Boden.
Ich stehe in der weichen lehmigen Erde. Es ist warm.
Ich ziehe mich aus und lege mich nackt auf den wohlig angeneh-
men Boden.
Ich spüre die schlammige Erde in meinen Haaren. Sie um-
schmiegt meinen Nacken,
sie passt sich meinem Rücken an.
Ich liege auf dem feuchten, warmen Boden. Ich setze mich auf.
Mein Becken und meine Beine tauchen ganz ein.
Die Erde umschmiegt meinen Körper, meine Brust, mein Becken,
meine Beine –
meine Zehen tauchen ganz ein in diese warme, feuchte Erde.
Lustvoll wälze ich mich im Schlamm.
Ich bin ganz eingehüllt, ganz warm, ganz weich.

Ich setze mich auf und spiele mit der Erde.
Die Lust, Krüge und Gefäße zu gestalten, überwältigt mich.
Ich nehme einen Klumpen Ton und beginne
an einer Drehscheibe zu formen und zu gestalten.
Die Werkzeuge und Gefäße, Skulpturen und Töpfe
nehmen herrliche Formen an.
Stunde um Stunde entstehen neue Figuren und Formen.
Ich habe schwarze Erde, rote Erde, gelbe Erde, weiße Erde
und bemale damit meine Werke.

Völlig erschöpft und freudig erregt betrachte ich meine Werke.

Ich genieße das Spiel mit dem feuchten Lehm
und wälze mich mit Lust und Wonne in diesem Schlamm.

Ich sehe mich dabei um und entdecke ein strahlend weißes
Haus.
Ich stehe auf – und gehe hin zu diesem Haus.
Auf meinem Weg dorthin überfällt mich
eine tiefe Freude und Lust darauf, das Haus zu erforschen.
Ich öffne die Tür und gehe hinein.
Alles ist leer,
vollkommen leer.

Und während ich so dastehe, entdecke ich Fußspuren – meine
Fußspuren.
Die nasse Erde fließt von meinem Körper.
Wilde Muster und Formen nehmen Gestalt an.
Staunend erkenne ich, wie diese Muster und Formen
in verschiedenen Farben erstrahlen.
Immer deutlicher erkenne ich jetzt,
wie das Haus auf die fließende Erde reagiert.
Voller Freude hole ich immer mehr von diesem Schlamm.
Ich klatsche die Wände voll damit.
Alles tropft und fließt.
Herrlich, bei jeder Berührung des Schlammes
geschieht eine wunderbare Verwandlung.

Das Haus wird immer lebendiger und angenehmer.
Ich genieße dieses Haus, ich erkenne, es ist mein Haus.

Die bunten Wände geben mir Schutz,
die Fenster lassen das Licht im Raum spielen.
Das Licht wandert mit der Sonne an verschiedene Plätze im Raum.

Ich sehe das Leben, ich sehe die Zeit.
Ich wandere durch das ganze Haus, gehe von Raum zu Raum
und erfreue mich an den Spuren, die ich hinterlasse.
Durch eine weite Tür erreiche ich wieder den Eingang.

Ich verlasse mein Haus.
Ein wunderschöner Brunnen
mit malerischen Gestalten und Märchenfiguren ziert den Platz
davor.
Aus vielen Öffnungen sprudelt Wasser
und lädt mich ein, zu baden.
Ich steige in das Wasser und breite meine Arme weit aus.
Das Wasser umschmiegt mich.
Ich trinke und trinke von diesem Wasser und bade.
Ich stehe in diesem prunkvollen Brunnen
und genieße die gelassenen Gesichter der verschiedenen Figuren.

Es kommen viele Menschen auf mich zu und betrachten meine
Werke.
Meine Werke entzücken die Menschen
und bereiten ihnen ein zartes Wohlgefühl.

Ich verteile meine Werke unter den Menschen und sie geben mir
dafür Gold.
Viele kleine Goldmünzen werfen sie in den Brunnen vor lauter
Freude und Glück über die beeindruckenden Werke.
Es wird immer mehr Gold daraus.
Aus allen Gestalten des Brunnens fallen plötzlich
feine Goldmünzen auf mich nieder.
Sie sind warm und angenehm.
Das Gold prickelt auf meiner Haut.
Ich bade und tanze in dem Gold.
Ich fühle das Gold.
An mich kommt nur Gold heran.

Erfüllt von dieser Erkenntnis, steige ich aus dem Brunnen.
Ich blicke in den Himmel
und es fällt ein feiner, zarter Goldregen aus lauter kleinen,
federleichten Goldmünzen auf mich herab.
Der ganze Himmel ist golden und glitzert und funkelt in der Sonne.
Ich laufe und tanze im Regen aus feinen Goldmünzen.

Das Gold sammelt sich auf der Erde,
ich kann schon mit den Zehen darin spielen.
Das Gold streichelt meine Haut.
Es reicht jetzt schon bis zu den Knien.
Ich fasse mit beiden Händen tief in das Gold
und werfe die Münzen in die Luft.
Der Goldregen prasselt auf mich nieder.
Voller Freude tanze und spiele ich in diesem Goldregen.

Ich betrachte noch einmal ganz genau dieses Glitzern und Flim-
mern in der Luft
– die feinen Goldmünzen –
und ich lasse den Goldregen l a n g s a m enden.
Ich spüre das Kribbeln auf meiner Haut
und die Sonne meinen Körper wärmen.
Ich fühle meinen Wert.
Ab jetzt lasse ich nur mehr Gold an mich heran.

Ich genieße all diese Gefühle und weiß,
wann immer ich möchte, kann ich den Goldregen auf mich
niederprasseln lassen
und in meinem Brunnen in Goldmünzen spielen.
Jederzeit kann ich wählen, ob ich gerade Wasser will oder Gold.
Ganz wie es mir gefällt.

Es ist herrlich, ich fühle mich durchwärmt und golden.
Wann immer ich will, wird das, was ich mache, zu Gold.
Ein Glanz und ein strahlendes Gefühl durchströmen mich.

Ich spüre nun wieder meinen Atem, ich atme ein und aus,
und ein und aus.
Wann immer ich möchte, öffne ich die Augen und bin wieder da,
im Hier und Jetzt.
Ich strecke mich und nehme alles um mich herum wieder wahr.

Ich bin wieder ganz da, im Hier und Jetzt!

Verbringen Sie heute den ganzen Tag im Goldbad. Ganz gleich, wo Sie sich befinden, sehen Sie sich selbst, wie Sie dastehen und der Goldregen auf Sie niederprasselt. Stellen Sie sich die Spuren im Haus vor, wie Sie sich im Schlamm wälzen. Wenn Sie in der Bahn sitzen, lassen Sie den Goldregen auf sich fallen. Erleben Sie den Tag glänzend und golden. Verweilen Sie immer lange in dieser Vorstellung. Besonders dann, wenn jemand schlecht mit Ihnen umgeht, lassen Sie sofort den Goldregen auf sich fallen. Federleichte Goldmünzen. Die innere Bilderlandschaft im Gehirn verändert und passt sich den neuen Wahrnehmungen permanent an. Bewerten Sie einmal alle Situationen dieses Tages mit Gold. Die Wahrnehmung der Außenwelt und die Anpassung an die innere Bilderwelt – wie auch umgekehrt – stellen einen dynamischen Prozess dar und verändern sich dauernd. Genießen Sie diese Sichtweise!

PDM-TRAININGSERLEBNIS „FREIHEIT"

Ich mache es mir bequem, bequem und behaglich.
Mein Körper und meine Gedanken kommen zur Ruhe.
Alles ist ruhig, ich bin ganz ruhig.
Ich schließe meine Augen oder blicke in die Ferne,
ich bin ganz ruhig.
Ich beobachte meinen Atem
und spüre, wie mein Atem kommt und geht.

Die Luft durchströmt meine Lungen,
alles fließt – ich atme ein und aus.

Es ist alles gut. Jetzt ist alles gut.

Vor meinem inneren Auge sehe ich einen wunderschönen
Strand.
Ich liege im warmen Sand, spüre, wie die Wellen sanft meinen
Körper umspülen.
Ich fühle die Wärme der Sonne auf meiner Haut.

Ich bemerke, wie mich jemand zärtlich berührt
und meine Wangen streichelt.
Ich blicke in ein freundlich lächelndes Gesicht.
Ich kenne die Person nicht, und doch ist mir der Klang ihrer
Stimme so vertraut.
Die Haut glänzt im Sonnenlicht.
Die Augen spiegeln die Tiefe des Meeres
und im warmen Blick spüre ich Geborgenheit.
Die zärtlichen Hände fordern mich auf, mitzukommen.

Nun richte ich mich auf.
Erst jetzt entdecke ich eine herrliche Insellandschaft um mich
herum.
Eine Bucht mit strahlend weißem Sand und türkisblauem
Wasser.
Saftiges Grün von tropischen Pflanzen und Sträuchern und
üppige Kokospalmen und Bananenbäume umgeben mich.

Wir machen uns auf den Weg.
Wir betreten das Dickicht.
Eine feuchte Schwüle strömt mir entgegen.
Ich tauche ganz ein in die Geräusche und Düfte des Waldes.
Überall ein Flattern und Knistern, ein Surren, ein Summen.

In der Ferne höre ich Trommelklänge.
Mit jedem Schritt werden sie lauter und lauter.
Immer deutlicher mischen sich dazu auch Stimmen und rhythmischer Gesang.
Mehr und mehr Licht dringt durch den dichten Wald
und wir erreichen eine Lichtung.

Vor uns liegt ein Dorf.
Die Abendsonne taucht die Hütten in ein warmes Rot.
Ein Duft von süßen Speisen dringt zu uns herüber.
Die Bewohner feiern gerade ein Fest.
Plötzlich spüre ich, dass ich Hunger habe
und im selben Moment nimmt meine Begleitung meine Hand
und führt mich in das Dorf.
Männer und Frauen sitzen um ein Feuer herum.
Ihre strahlenden Gesichter und ihre liebevollen Blicke laden mich
ein, in ihrem Kreis Platz zu nehmen.

Schalen werden herumgereicht und ein feiner Duft dringt in
meine Nase.
Ich koste von diesem herrlichen Mahl.
Der süße Geschmack zerfließt auf meiner Zunge
und verführt mich, immer mehr zu nehmen, immer mehr zu
essen.
Mit all meinen Sinnen genieße ich dieses Festmahl.
Mit all meinen Sinnen kaue und sauge ich – ich schmatze und
schlürfe und nehme alles lustvoll in mich auf.

Je mehr ich esse, umso mehr geben sie mir.
Ich sauge und schlürfe, ich schlucke und genieße,
ich esse und esse und bin schließlich vollkommen satt.
Ich spüre das angenehme Gefühl der Fülle.
Ich reiche die Schale weiter.

Trommeln und rhythmischer Gesang fangen meine Aufmerksam-
keit wieder ein. Immer mehr Menschen machen sich mit tanzen-
den Bewegungen auf den Weg zu einem lehmigen Strand.
Ich bekomme eine Fackel und ich schließe mich der ziehenden
Gruppe an.

Am Strand leuchten bereits viele Fackeln
und der Vollmond taucht die Bucht in ein mystisches Licht.
Das Rauschen des Meeres, die Laute des Waldes,
der Rhythmus der Trommeln, die singenden
und tanzenden Menschen – all das verschmilzt zu einem
gewaltigen Naturgesang.

Eine laue Meeresbrise weht uns entgegen, als wir uns den Feiern-
den nähern. Männer und Frauen drehen sich wie Kreisel.
Ich tanze mit. Ich drehe mich und kreise
und mein Tanz wird so regelmäßig und langsam,
dass sich der Himmel in eine Scheibe verwandelt,
in eine dunkle tiefblaue Scheibe, die mich im Gleichgewicht hält.

Ich konzentriere mich auf den Mond. Sein Hof ist ganz hell.
Er taucht den Strand in ein silbernes Licht.
Die Bäume, der Himmel, alles verschwindet um mich,
geht ineinander über und wird eins.

Eine Mischung verschiedenster Düfte liegt in der Luft.

Schritt für Schritt sinken unsere Füße in den weichen Boden.
Wir legen uns schließlich ganz hinein in den warmen, feuchten
Schlamm.
Männer und Frauen beginnen, langsam sich gegenseitig damit zu
massieren.
Ich genieße die Wärme der feuchten Erde auf meiner Haut.
Ich stehe jetzt da, mein Körper, meine Haare, mein Gesicht,

alles ist eingehüllt in diesen weichen, schmierigen Lehm.
Ich spüre, wie sich die massierenden Hände langsam
über meinen Rücken auf und ab bewegen.
Der Druck der Hände bewegt sich von meinem Nacken ausge-
hend die Wirbelsäule entlang.
Ich spüre, wie die Wirbelsäule sich nach und nach lockert,
Wirbel um Wirbel.
Meine ganze Wirbelsäule ist entspannt und geschmeidig
wie ein biegsamer Halm.
Ich sehe den Mond, ich höre die Musik.
Ich genieße die gleitenden Hände auf meiner Haut.
Schritt für Schritt dehnt sich ein Vibrieren über mein Becken,
meinen Nabel und strahlt von dort in alle Richtungen aus.
Ich tanze wie ein Halm im Wind.
Die massierenden Hände bewegen sich meinen Körper entlang.
Ich gebe mich vollständig hin.
Ich lasse mich treiben.
Im gemeinsamen Rhythmus steigern sich die Gefühle
zu einer wundervollen, lustvollen Ekstase.
Wie einen langen, tiefen Ton spüre ich das Vibrieren
in meinem ganzen Körper.

Jetzt spüre ich meine ganze Kraft.
Sie strömt durch mich hindurch, in jede Zelle meines Körpers.
Ich bin vollständig gelöst – ich bin vollständig frei.
Ich bin frei.

Im hellen Mondschein gehen wir zum Meer.
Eine laue Brise weht uns entgegen und der volle Duft des Meeres
entfaltet sich.
Ein herrliches Gefühl.
Nun tauche ich ganz ein und spüre das warme Wasser meine
Haut streicheln.

Ich gleite durch die Wogen,
lasse mich von ihnen tragen und treiben.
Ich schwimme mal über Wasser, mal unter Wasser.
Ich genieße diese Leichtigkeit.

Ich bin frei!

Ich erreiche wieder das Ufer und lege mich auf den weichen, warmen Boden.
Herrlich!
Ich atme tief ein und aus, ein und aus –
ich bin frei!
Ich bin dankbar für mein einzigartiges Leben.

Ich spüre nun wieder meinen Atem, ich atme ein und aus,
und ein und aus.
Wann immer ich möchte, öffne ich die Augen und bin wieder da,
im Hier und Jetzt.
Ich strecke mich und nehme alles um mich herum wieder wahr.

Ich bin wieder ganz da, im Hier und Jetzt!

Glücklichmacher einfach essen

Eine Gewichtszunahme nach der Entwöhnung ist eine der Hauptängste von Rauchern, die darüber nachdenken, den Zigarettenkonsum einzustellen. Dabei lässt sich das relativ einfach vermeiden. Denn es gibt Lebensmittel mit niedrigem Glykämischen Index, mit denen Sie leichter Ihr Gewicht halten können. Außerdem macht Sie der Verzehr solcher Lebensmittel glücklich. Und das braucht man gerade nach der Rauchentwöhnung. Denn wer das Rauchen aufgibt, durchlebt eine Stoffwechselumstellung, die eine Gewichtszunahme ermöglichen kann.

GLÜCKLICH ESSEN KOMMT VON GLYX-LICH ESSEN

Der Glykämische Index ist eine Maßzahl für die Wirkung eines Lebensmittels auf den Blutzuckerspiegel und sagt damit etwas über die Qualität der enthaltenen Kohlenhydrate aus. Wenn man ein kohlenhydrathaltiges Nahrungsmittel isst, steigt der Blutzuckerspiegel auf einen bestimmten Höchstwert an und fällt wieder ab. Zur Ermittlung des Glykämischen Index werden Dauer und Höhe des Blutzuckeranstiegs nach dem Verzehr eines Lebensmittels gemessen. Je niedriger der Anstieg des Blutzuckerspiegels ausfällt, desto niedriger ist der Glykämische Index des Lebensmittels.

Als niedriger Glykämischer Index gilt ein Wert unter 55. Zu dieser Gruppe zählen Lebensmittel wie Milch, Joghurt, Nudeln, Hülsenfrüchte oder Blattgemüse. Ein mittlerer Wert reicht von 55 bis 70, beispielsweise bei Roggenvollkornbrot, Apfelsaft oder Haushaltszucker. Einen hohen Wert haben Lebensmittel mit einem Index von 70 bis 100, unter anderem Weißbrot, Cornflakes oder Kartoffelpüree.

Wer sich nach dieser Methode ernährt, vermeidet starke Blutzuckerschwankungen und -spitzen, und auch der Insulinspiegel im Blut bleibt relativ niedrig. Was wiederum einer unerwünscht starken Kalorienspeicherung vorbeugen kann und viele gesundheitliche Vorteile mit sich bringt.

SECHS WOCHEN LANG HEILKOST

Nehmen Sie täglich morgens und abends einen Teelöffel Leinöl zu sich oder eine Kapsel mit Omega-3-Fettsäuren. Informieren Sie sich über deren tatsächlichen Säuregehalt und kaufen Sie nur qualitativ hochwertige Kapseln. Essen Sie in den ersten sechs Wochen möglichst ausschließlich Glücklichmacher (Lebensmittel mit niedrigem Glykämischen Index), nehmen Sie viel Eiweiß zu sich und trinken Sie viel Wasser. Nikotin hinterlässt auch einen veränderten Wert für Insulin. Die Heilkost reguliert den Stoffwechsel Ihres Körpers wieder. Sie wissen, dass Ihr Körper den Nikotinentzug mit Hunger anzeigt. Es ist daher von besonderer Bedeutung, dass Sie immer satt sind. Bei höherem Körpergewicht sollten Sie pro Kilogramm Körpergewicht ein Gramm Eiweiß täglich essen.

TIPP:
Zaubern Sie auch andere glückliche Momente in Ihr Leben. Kaufen Sie sich ein Trampolin und benutzen Sie es täglich, oder gehen Sie auf dem weichen Boden. Konzentrieren Sie sich beim Springen oder Gehen auf Erinnerungsbilder aus Ihrer Kindheit. Trainieren Sie, diese Gefühle wieder zu spüren.

Wenn Sie während der ersten sechs Wochen nicht auf die Unglücklichmacher verzichten, können Sie das ungefähr mit den Folgen des sofortigen Verzehrs eines deftigen Gulaschs nach einer

Magenoperation vergleichen. Das tut bestimmt nicht gut. Ungefähr vier Stunden nach dem Essen von „Unglücklichmachern" können depressive Gefühle entstehen, ein Gefühl der Leere. Wenn der Dopaminspiegel nicht stimmt und das Serotonin nicht passt, weiß man nicht so recht, was man soll. Vieles wird sinn- und bedeutungslos. Depressive Gefühle sind nicht Gefühle der Trauer, sondern der Leere: „Was mache ich denn da? Wozu soll denn das alles gut sein?" Mit dem „Goldregen" kommen Sie auch aus solchen Stimmungen wieder heraus.

Auf den folgenden Seiten finden Sie eine Reihe von glücklich machenden Lebensmitteln – also solche mit niedrigem Glykämischen Index – und solche mit unglücklich machenden Lebensmitteln – mit hohem Glykämischen Index.

Die Angaben in diesem Buch stammen aus dem „American Journal of Clinical Nutrition".

UNGLÜCKLICHMACHER
KOHLENHYDRATE MIT HOHEM GLYKÄMISCHEN INDEX

Maltose (Bier)	110
Glukose	100
Bratkartoffeln	95
Pommes frites	95
Reismehl	95
modifizierte Stärke	95
Kartoffelpüreepulver	90
Chips	90
Honig	85
Riesenkürbis	75
Limonaden	70
Zucker (Saccharose)	70
Ravioli	70
gezuckerte raffinierte Getreideflocken	70

Schokoladenriegel	70
Kekse	70
Cola	70
Salzkartoffeln	70
Mais	70
Weißreis	70
Teigwaren aus weißem Industriemehl	70
Weißbrot (Baguette)	70
Pellkartoffeln	65
Mischbrot	65
gezuckerte Marmelade	65
Rüben	65
Rosinen	65
weißer Grieß	60
Langkornreis	60
Sandgebäck	55
weiße Spaghetti, weich gekocht	55

GLÜCKLICHMACHER
KOHLENHYDRATE MIT GLYKÄMISCHEM INDEX UNTER 50

Vollkorn- oder Kleiebrot	50
Vollreis	50
Basmatireis (Langkorn)	50
Erbsen aus der Dose	50
Süßkartoffeln	50
Vollkornteigwaren (Vollweizen)	50
Spaghetti al dente	45
Vollkornteigwaren (al dente)	40
Pumpernickel	40
100%iges Vollkornbrot	40
Vollgetreideflocken ohne Zucker	40

Frische Erbsen	40
Feigen, getrocknete Marillen	35
Indianischer Mais	35
Wildreis	35
Quinoa (Getreide)	35
Rohe Karotten	30
Grüne Bohnen	30
Trockenbohnen	30
Braune/gelbe Linsen	30
Kichererbsen	30
Trockenerbsen	22
Milchprodukte	30
Glasnudeln (Soja)	30
Marmelade ohne Zuckerzusatz	22
Grüne Linsen	22
andere frische Früchte	30
Schwarze Schokolade (>70% Kakao)	22
Fruktose	20
Soja, Erdnüsse	15
grünes Gemüse, Tomaten, Auberginen, Zucchini, Knoblauch, Zwiebeln …	<15

Die Erfahrungsberichte

„MIR WURDE DOPPELT GEHOLFEN!"

Brigitte, 58, rauchfrei seit 2007

Seit sie sich erinnern kann, hat die heutige Pensionistin geraucht. „Ich habe als Jugendliche begonnen und eigentlich mein ganzes Leben lang geraucht." Und das nicht gerade wenig. „Eine Schachtel Zigaretten habe ich locker täglich geraucht. Und wenn ich ausgegangen bin, oft auch mal zwei", erinnert sich Brigitte. Markentreue war ihr weniger wichtig, als dass die Zigaretten „light" waren. „Ich habe immer nur leichte geraucht – aus schlechtem Gewissen. Und die oft nur bis zur Hälfte und dann ausgedämpft." Aufhören konnte sie trotzdem nicht. Nicht einmal wenn sie krank war, hatte sie eine Rauchpause eingelegt. „Ich habe auch körperlich kein schlechtes Gefühl gehabt", so die 58-Jährige. Schließlich war sie immer extrem sportlich und hatte sich stets gesund ernährt. „Irgendwie habe ich mir gedacht, mein Körper kann das schon wegstecken. Und: Wer sonst so gesund lebt, wird schon nicht beeinträchtigt werden."

Etwas nachdenklicher wurde Brigitte so ab ihrem 40. Lebensjahr. „Ich habe so viel über die Nebenwirkungen und möglichen Krankheitsbilder in den Medien gelesen und gehört – das hat mein schlechtes Gewissen noch gesteigert. Vor allem, weil Rauchen so gefährlich für die Gefäße ist und ich aus einer Familie komme, in der Gefäßkrankheiten fast die Regel sind."

Ein Schicksal, das auch vor ihr nicht haltmachte. 2004, Brigitte war 53 Jahre alt, bekam sie plötzlich während des Lauftrainings so starke Schmerzen in der Bauchregion, dass sie nicht mehr weiterlaufen konnte. „Mir war klar, da stimmt etwas nicht und bin sofort zum Arzt", erinnert sie sich nun fünf Jahre später. Die Diagnose: ein Verschluss der Bauchaorta. Brigitte wurde sofort operiert und bekam einen Stent – eine innere Gefäßschiene. Ihre Rettung, so ihr Arzt, sei das regelmäßige Lauftraining gewesen. Sonst hätte die Sache auch schlimmer ausgehen können …

Dennoch hörte Brigitte nicht auf, zu rauchen. Heute gibt sie zu, dass die Angst, dick zu werden, sie am meisten daran gehindert hat, endlich auf die Zigaretten zu verzichten. „Ich glaube, dass es viele Frauen gibt, die eigentlich gerne aufhören möchten, aber so panische Angst vor einer Gewichtszunahme haben", ist Brigitte überzeugt. Dabei ist ihre größte Angst dann nicht einmal eingetroffen. „Ich habe nach dem Aufhören maximal fünf Kilo zugenommen, und die sind längst wieder unten", will sie anderen Mut machen.

Dass sie schwer suchtabhängig war, glaubt sie im Nachhinein nicht. „Ich habe etwa nie vor dem Frühstück geraucht, oder am Arbeitsplatz, wenn es verboten war. Und auch im Schlafzimmer war Rauchverbot." Aber immer noch hörte sie nicht auf. Auch wenn das schlechte Gewissen immer mehr zunahm. „Mir war schon klar, dass das mein Leben kosten kann."

Was ihr auch klar war: Wenn aufhören, dann nur mit professioneller Hilfe. Zufällig traf sie schließlich einen Bekannten, einen ganz schlimmen Kettenraucher, der mit Braindesign zwei Jahre zuvor aufgehört und nie wieder zur Zigarette gegriffen hatte. Also meldete sie sich für ein Seminar an. „Ich fand es erleichternd, dass alle anderen auch Raucher waren. Und dass man bis zum Schluss rauchen durfte", erinnert sie sich. Anfangs – so gibt sie heute offen zu – war sie ziemlich skeptisch. „Man hat sich diese Art Märchen angehört und gefragt: ‚Das soll alles ein?' Irgendwie war das total unvorstellbar, dass das wirken kann. Aber ich habe brav mitgemacht, zugehört und ein bisschen meditiert."

Dann kam der Moment der letzten Zigarette. „In dem Moment war nichts anders als sonst auch", so Brigitte über das Ausdämpfen jener Zigarette, die tatsächlich ihre letzte sein sollte.

„Dass doch etwas anders ist, ist mir erst am Heimweg im Auto aufgefallen. Es war ein warmer Tag, ich hatte das Fenster offen und an einer roten Ampel stand auf der Nebenfahrbahn ein anderes Auto, darin eine Frau, die geraucht hat. Ich schaue hinüber und überlege mir ernsthaft, wie so eine Zigarette wohl schmeckt! Ich konnte mich beim besten Willen nicht mehr daran erinnern. Das war wie ausgelöscht, einfach weg."

Und Brigitte hat seitdem nicht wieder geraucht. Selbst in schlimmen Situationen, wie bei der schweren Erkrankung ihres Mannes, hat sie nicht wieder zur Zigarette gegriffen. „Ehrlicherweise hatte ich auch nie wieder richtig Lust. Vielleicht mal ein kleines Aufflackern, aber kein Verlangen, gegen das ich ankämpfen musste." Und im Fall der Fälle hat die spezielle Duftmischung oder das Lesen der PDM-Trainingserlebnisse geholfen. „Meine Favoriten sind die Königin- und die Organgeschichte."

Doch die Rauchentwöhnung ist nicht das Einzige, was sich für Brigitte geändert hat. „Braindesign hat auch meiner Psyche gutgetan, hat mich mental gestärkt und mich viel selbstbewusster gemacht. Außerdem fühl' ich mich gesünder und will auch gesünder leben. Man kann also sagen, mir wurde doppelt geholfen!" Und so ist die 58-Jährige heute körperlich in Höchstform, läuft vier bis fünf Mal in der Woche, geht Touren und sagt von sich selbst: „Ich bin fit wie ein Turnschuh!"

„ES PASSIERTE VÖLLIG UNBEWUSST"

Christine, 54, Pensionistin, seit 2005 rauchfrei
Christine hatte aus demselben Grund angefangen, zu rauchen, wie viele vor ihr: um dazuzugehören. „Ich erinnere mich noch genau an den Moment meiner ersten Zigarette. Ich war 17 und Schülerin der Berufsschule." Und eine sehr gute noch dazu. „Mir flog der Lernstoff einfach zu, aber für die anderen war ich eine Streberin – und damit eine Außenseiterin", blickt die Grazerin zu-

rück. Die „Coolen" waren hingegen jene, die in den Unterrichtspausen zur Zigarette griffen. Bald auch Christine. Der Grundstein ihrer Raucherkarriere war gelegt. Sie sollte 33 Jahre andauern.

„Ich habe am Schluss etwa 30 Zigaretten pro Tag geraucht – und das immer und überall, bei der Arbeit, in der Wohnung", so Christine. Ihre Sucht ging so weit, dass sie auch ihr Sozialleben beeinflusste. „War ich eingeladen und wusste von vornherein, dass ich dort nicht würde rauchen können, ging ich erst gar nicht hin." Bis zum 50. Geburtstag blieb das auch so. „Gesundheitlich fühlte ich mich zwar nicht blendend, aber auch nicht schlecht", so die Pensionistin. Ein Anlass, etwas zu ändern, ergab sich erst durch den Bezug einer neuen Wohnung. „Die war frisch gestrichen, so sauber und weiß, einfach schön. Mein Mann und ich zogen im Sommer ein. Da war auch das Rauchen noch kein Problem, aber ich konnte mir nicht vorstellen, wie es im kommenden Winter funktionieren sollte." Der kalte Rauch in der neuen Wohnung – das war für Christine schon in der Vorstellung zu viel. Erstmals stellte sie ihre Rauchgewohnheiten in Frage. „Genau in jener Zeit las ich die Anzeige in der Zeitung. Testpersonen für Studie zur Rauchentwöhnung gesucht." Die damals 50-Jährige meldete sich an. „Eine Gruppe sollte mittels PDM versuchen, mit dem Rauchen aufzuhören, die andere mit dem Medikament Zyban." Für Christine stand von Anfang an fest, dass für sie nur das Psychodynamische Modelltraining in Frage kommen würde. „Ich wusste einfach innerlich, dass ich es nur mithilfe von psychologischer Unterstützung schaffen würde." Prompt zog sie jedoch das Kuvert für die Zyban-Gruppe.

„Ich sprach mit Frau Dr. Grohs über meine Bedenken und erklärte ihr, dass für mich die medikamentöse Behandlung nicht in Frage kommen würde." Christine musste noch etwas Geduld beweisen. Sie konnte nicht einfach die Gruppe wechseln, da für die Studie das Zufallsprinzip der Einteilung sehr wichtig war, und wurde für das PDM-Training auf einen späteren Zeitpunkt vertröstet.

„Im November 2005 war es so weit. Ich weiß es noch genau: Der Anruf kam an einem Mittwoch, am Freitag darauf sollte es schon losgehen." Gemeinsam mit einer kleinen Gruppe fand sich die Steirerin am Seminarort ein. Es sollte ihr letztes Wochenende als Raucherin werden. „Anfangs sollten wir noch immer in den Pausen eine Zigarette rauchen, das musste man mir natürlich nicht zweimal sagen", lacht Christine. „Aber ich merkte schon am ersten Tag, dass sich etwas in mir tat. Die positiven inneren Bilder begannen schon zu wirken." Die Nacht verbrachte sie mit den anderen Kursteilnehmern im Hotel.

Am zweiten Tag des Seminars erlebte Christine schließlich etwas, das sie so nicht erwartet hätte. „Das Ritual der letzten Zigarette stand uns bevor und ich wollte es schnell hinter mich bringen." Als Erste der 15 Personen umfassenden Gruppe ging die Steirerin in die dafür vorgesehene Hütte, um die letzte Zigarette ihres Lebens zu rauchen. „Aber ich konnte es einfach nicht. Ich habe nur geheult. Schließlich zündete ich sie trotzdem noch an, dämpfte sie jedoch schon nach ein paar Zügen wieder aus." Erst beschämt über ihre Gefühle, merkte Christine jedoch bald, dass alle Kursteilnehmer mit dem Ritual zu kämpfen hatten. „Frau Dr. Grohs erklärte uns später, dass wir unbewusst Abschied von etwas genommen hatten, das uns über viele Jahre begleitet hatte, und dass so ein Abschied natürlich auch immer mit einem Gefühl von Traurigkeit verbunden ist", so Christine.

Noch etwas passierte, das die heute 54-Jährige nicht erwartet hatte: „Nachdem ich von dem Wochenende nach Hause zurückgekehrt war, hatte ich einfach keine Lust mehr auf Zigaretten. Ich hatte mir die Rauchentwöhnung viel schwerer vorgestellt." Nur selten dachte Christine überhaupt noch daran, wie es wäre, eine Zigarette zu rauchen. Und niemals lautete die Antwort für sie, dass es gut wäre. „Ich hatte noch wochenlang das Duftöl immer bei mir, aber ich musste es fast nie anwenden." Stattdessen rief die Pensionistin automatisch die Fantasiegeschichten ab, die sie im Seminar gehört hatte. „Das passierte völlig unterbewusst."

Seit November 2005 hat Christine nicht mehr geraucht – und ist überzeugt davon, es auch nie wieder zu tun. „Ich reagiere heute überempfindlich darauf, wenn jemand in meiner Nähe raucht und kann mir gar nicht mehr vorstellen, es selbst so lange getan zu haben", so die Steirerin, die seit dem Rauchstopp generell gesünder lebt. „Ich habe zwar im ersten Jahr 7 Kilo zugenommen, heute wiege ich jedoch 15 Kilogramm weniger als früher." Ihr Gewicht hält sie mit viel Bewegung und gesunder Ernährung. „Ich fühle mich heute blendend", freut sich Christine. „Und das Beste daran: Auch mein Mann hat im Mai 2009 ein PDM-Seminar gemacht und seit damals nicht mehr geraucht!"

„EIN SELTSAMES TUN AUS EINEM GANZ ANDEREN LEBEN"

Anton, 60, rauchfrei seit 2005

Der ehemalige Beamte war ein echter Hardcore-Raucher. 60–80 Zigaretten täglich. Und das ganze 35 Jahre lang! Mehr als sein halbes Leben hatte Anton im Bann des Nikotins verbracht. Auch wenn er sich das heute nicht mehr vorstellen kann. „Anton, der Kettenraucher – das hat nichts mit mir zu tun, wie ich heute bin. Aus jetziger Sicht erscheint mir dieses als ein seltsames Tun aus einem ganz anderen Leben", so der 60-Jährige heute.

Den alten Anton – den rauchenden Anton – gibt es seit dem 15. Mai 2005 nicht mehr. An diesem Tag hat er seine letzte Zigarette geraucht. Ganz bewusst, als Abschluss des eineinhalbtägigen Braindesign-Seminars. Wenn Anton sich daran erinnert, an seine letzte von Abertausenden Zigaretten, wird er fast lyrisch: „Ich sah dem Rauch nach. Wie er sich schlängelte und kringelte und stieg, wie er feenhafte Schleier zog. Dann sagte ich Adieu, dämpfte aus, warf das Päckchen in den Kübel und setzte mich auf jenen Platz, wo ich zwei Tage lang gesessen hatte – im Rhythmus von Vortrag, Meditation, Rauchpause. Plötzlich Tränen, Abschiedstränen. Ich verbarg sie vor den anderen, die nach und nach hereinkamen, man hörte Zigarettenpäckchen im Aluminiumkübel poltern. Das war es dann."

Was in diesen eineinhalb Tagen mit Anton passiert ist, kann er nur schwer beschreiben. „Irgendwie hab' ich es mithilfe dieser ‚inneren Bilder' geschafft, dass ich mich wieder mochte, auf mich achtgeben und gut zu mir sein wollte." Dabei war der 60-Jährige mehr als skeptisch gewesen. „Ich, der Zyniker, war sicher, dass das nichts für mich ist. Dennoch hab' ich mich darauf eingelassen und es einfach mal probiert." Heute weiß er, dass „der bewusste Griff ins Unbewusste" das Beste war, was ihm passieren konnte. „Ich kann nur jedem sagen, der zweifelt: Es funktioniert mit diesen Bildern, die man in sich erschafft. Sie sind das Gegenteil dessen, was man sich selber – nicht nur als Raucherin oder als Raucher – angetan hat. Und, nein, mit Esoterik hat das nichts zu tun, sehr wohl aber mit wachem Bewusstsein. Was ich beim Braindesign an Werkzeug geschenkt bekommen habe, wird mir nicht nur gegen das Rauchen helfen, sondern auch gegen Depression und meinen zuletzt zu hohen Alkoholkonsum."

In den ersten Tagen nach der letzten Zigarette war Anton verblüfft, wie einfach es war, nicht mehr zu rauchen, ja, wie selbstverständlich. Seltsamerweise war das Koppeln des Rauchens an bestimmte Rituale doch nicht so heftig, wie er erwartet hatte. Um sein „Gesund"-Werden zu unterstützen, hat sich Anton auch akribisch an die „Glücksmacher"-Heilkost gehalten. „Die Konzentration auf das richtige Essen nehme ich nach wie vor sehr ernst. Ich beschäftige mich mit Kochen, genieße das Experimentieren mit Gewürzen, Geschmäckern und Düften."

Selbst der so gefürchtete Kontakt mit rauchenden Leuten ließ Anton nicht schwach werden. Ganz im Gegenteil. „Am dritten Tag nach dem ‚Aus' ging ich in ein Kaffeehaus, ‚Zigarettenrauch riechen': Angenehm, aber kein Verlangen, selber zu rauchen! Ich lebe nun besser, sehe befremdet und kopfschüttelnd den Rauchern bei ihrem seltsamen Gehabe zu. Ich bin frei! Es macht mich fröhlich und gelassen."

Dennoch geriet Anton einmal kurz in Gefahr, rückfällig zu werden. „Nach sechs Wochen wurde ich nachlässig, war vielleicht zu selbstbewusst geworden, jedenfalls schlampig. Ich vernachlässigte die PDM-Trainingserlebnisse, stopfte mich sogar einmal mit heftig gezuckerten Marillenknödeln voll." Aber anstatt zur Zigarette zu greifen, vertiefte er sich wieder in die geführten Geschichten. „Nach einer Woche war ich wieder ganz klar. Das bewirkte eine gewisse stolze Heiterkeit. Man beglückwünscht sich selbst – und ist dankbar für das im Braindesign Gelernte."

„ICH WAR MIR EINFACH SO SICHER, DASS ICH MIR DAS NICHT MEHR ANTUN WÜRDE"

Sebastian, 48, rauchfrei seit 2007
Auch der Grafiker war ein echter Kettenraucher. „Bis zu 60 Zigaretten täglich habe ich konsumiert, bei jedem Raucherselbsttest über Suchtverhalten erreichte ich immer das Punktemaximum."

Mehrere Versuche, mit dem Rauchen aufzuhören, scheiterten kläglich – egal, welche Methode Sebastian probierte. Beim letzten Entwöhnungsversuch kollabierte sogar sein Kreislauf. Deshalb war auch Sebastian eher skeptisch, als er sich für das Braindesign-Seminar angemeldet hatte. „Ich ging dorthin nach dem Motto: ‚Nutzt es nichts, schadet es nicht.'" Und dennoch: Nach nur eineinhalb Tagen Programm war Sebastian klar, dass er nie wieder rauchen würde. „Ich war mir einfach so sicher, dass ich mir das nicht mehr antun würde", erinnert er sich an den Tag vor zwei Jahren.

Eine Selbstsicherheit, die noch am selben Abend auf die Probe gestellt wurde. „Da ich sehr kurzfristig zum Termin des Entwöhnungsprogramms kam, hatte ich am gleichen Abend eine Einladung zu einem guten Freund, der einen ausgezeichnet sortierten

Weinkeller hat und selbst relativ stark raucht. Nachdem der Verlauf des Abends absehbar war, habe ich kurz überlegt, abzusagen. Andererseits dachte ich mir, es ist eine gute Gelegenheit, in meinen neuen rauchfreien Lebensabschnitt zu starten, da ich ja nur vorhatte, mit dem Rauchen aufzuhören und nicht mein sonstiges Leben zu verändern oder meine Sozialkontakte nach Rauchern oder Nichtrauchern zu orientieren."

Der Abend verlief dann auch wie erwartet. Ein erlesener Rotwein nach dem anderen wurde geöffnet. „Bei meinen vorherigen Rauchaufhörversuchen wäre ich spätestens nach der zweiten Flasche des guten Rotweins rückfällig geworden", so Sebastian. „Aber an diesem Abend nicht. Ganz im Gegenteil. Ich motivierte meinen Freund, der angesichts meines Verhaltens leicht verunsichert war, sogar möglichst viel neben mir zu rauchen. So sicher fühlte ich mich."

Seitdem sind nun zwei Jahre vergangen und Sebastian hat keine einzige Zigarette angerührt. „Mein Nichtrauchen hält ohne besondere Anstrengung oder Entzugserscheinungen an. Und es wird auch weiter so bleiben. Das weiß ich mit Bestimmtheit."

„ICH WEISS GANZ GENAU, ICH BIN FREI"

Martina, 52, rauchfrei seit 2008
„Beim Ausdrücken der letzten Zigarette habe ich mir gedacht, das war nichts. Bei mir hat das nicht funktioniert. Es war nichts. Es hat nicht Klick gemacht", erinnert sich die Angestellte an den Abschluss des Braindesign-Seminars. „Ich bin dann ins Auto eingestiegen und habe nach ein paar Metern den Aschenbecher ausleeren müssen. Der volle Aschenbecher hat mich so gestört."

Probleme hatte die 52-Jährige anfangs, sich so richtig in die PDM-Trainingserlebnisse fallen zu lassen. „Ich habe mir gedacht, wie soll das gehen mit der Königin? Ich habe mich dann aber richtig darauf konzentriert und es immer leichter geschafft."

Auch andere Raucher machen ihr mittlerweile gar nichts mehr aus. „Daheim haben die anderen alle geraucht. Sie rauchen heute noch, aber es stört mich überhaupt nicht. Ich habe nie mehr daran gedacht, eine Zigarette rauchen zu wollen. Gusto habe ich manches Mal gehabt und auch noch manches Mal heute. Das werde ich wohl immer haben. Sie wissen: der Außerirdische! Aber ich weiß ganz genau, ich bin frei. Obwohl ich 35 Jahre lang geraucht habe, weiß ich nur eines: Ich rauche in meinem ganzen Leben nie wieder eine Zigarette! Das ist ein großartiges Gefühl. Ich fühle mich so klar. Ich weiß ganz genau, wo es langgeht und was ich will. Mir macht keiner mehr so leicht etwas vor!"

Das Ritual der letzten Zigarette

Jetzt starten Sie gleich in Ihr neues Leben als Nichtraucher. Versuchen Sie, die folgenden Punkte zu beachten – diese erleichtern Ihnen den Schritt ganz wesentlich!

1. Nehmen Sie jeden Tag morgens und abends einen Teelöffel Leinöl oder morgens und abends eine Omega-3-Fettsäure-Kapsel zu sich.
2. Essen Sie ausschließlich Glücklichmacher.
3. Trinken Sie genug Wasser (Körpergewicht x 3 : 100; zum Beispiel 70 Kilogramm Körpergewicht = 2,1 Liter Wasser täglich).
4. Springen Sie auf dem Trampolin oder gehen Sie auf dem weichen Boden.
5. Lachen Sie.
6. Lassen Sie sich massieren.

Jetzt haben Sie alle Informationen, um Ihr rauchfreies Leben zu beginnen. Von der Autobahn müssen Sie ganz allein herunterfahren. Auch für die Zeit danach hilft Ihnen Braindesign.

Riechen Sie bitte am Lesezeichen!

Machen Sie jetzt das Ritual der letzten Zigarette.

TRAININGSERLEBNIS „SCHATTEN"

Einleitung

1. Lesen Sie das Braindesign-Schattenerlebnis durch. Achten Sie darauf, dass Sie:
   a) helfende Hände haben (der Freund ist Nichtraucher),
   b) selber den Ballon loslassen,
   c) den Ballon völlig verschwinden sehen (es darf auch kein kleines Pünktchen mehr zu sehen sein).

2. Rauchen Sie noch eine Zigarette, bevor Sie sich in die Position begeben, in der Sie das Schattenerlebnis lesen.

3. Setzen Sie sich aufrecht hin und stellen Sie die Füße fest nebeneinander auf den Boden.

4. Lesen oder hören Sie jetzt das Braindesign-Schattenerlebnis mit allen Sinnen und betrachten Sie die Bilder.

Ich mache es mir einmal ganz bequem.
Ich erlaube meinem Körper,
jetzt zur Ruhe zu kommen.
Wenn ich möchte, schließe ich meine Augen
und beobachte meinen Atem,
wie er kommt und geht,
und erlebe dabei,
wie alles andere einfach von mir abfließt.

Ich bin ganz einfach nur.
Bin einmal bewusst da.
Höre in mich hinein
und erlebe den Frieden
und die Ruhe in mir.
Während mein Atem kommt und geht,
lasse ich ihn behutsam

tiefer werden,
ruhiger werden.
Meine Atmung wird
immer ruhiger,
immer tiefer.
Immer mehr Stille
macht sich in mir breit.
Ruhe, Stille und Frieden.

Und jetzt mache ich einmal
von meiner Fähigkeit Gebrauch,
mir etwas vorzustellen:

Ich befinde mich auf einem Berg.
Ich setze mich auf eine Wiese,
genieße die schöne Aussicht
und atme die reine Luft.
Bei jedem Atemzug erfüllt mich der Duft der Blumen.
Ich werde frei und weit und Kraft strömt in mich ein.

Ich sehe einen Freund auf mich zugehen.
Voller Freude begrüßen wir uns
und beginnen fröhlich miteinander zu plaudern.
Ich nehme eine Zigarette heraus.
Und während ich die Zigarette anzünde, fällt mir plötzlich auf:
Mein Freund ist Nichtraucher.
Ich betrachte ihn und sehe: Er ist hell und klar.
Ich richte meine Aufmerksamkeit auf mich
und bemerke den Unterschied.
Ich stehe in einem Schatten.
Tatsächlich! Ich befinde mich in einem Schatten.
Der Schatten kommt mir bekannt vor.
Ich betrachte ihn genauer und erkenne seine Natur:
Es ist die Nikotinsucht: nebelig grau. Erstaunt stelle ich fest:

Der Schatten will, dass ich rauche.
Er will eine Zigarette,
und ich erlebe damit:
Ich will eine Zigarette!
Ganz bewusst fühle ich,
wie der Rauch durch meinen Mund den Hals hinunterbrennt,
wie er meinen Atem einengt.
Mein Geruch ist unangenehm.
Mein Atem stinkt.
Meine Zunge ist pelzig.
Mein Blut ist dick.
Das Nikotin raubt meinem Körper ständig Energie.
Meine Kondition ist schlecht.
Ich bin müde und lustlos.
Ich bin verbraucht und ohne Kraft.
Ich bin unzufrieden und ausgelaugt.
Ich habe ständig Angst, zu wenige Zigaretten zu haben.
Der Schatten hat mein Leben in der Hand!
Er lebt gerade mein Leben.
Ich erkenne, wie eigennützig
der Schatten Nikotinsucht meinen Körper verwendet.
Es ist seine Natur. Er will Nikotin.
Es ist ihm völlig gleichgültig,
dass der Rauch meine Geschmacksnerven im Mund lähmt,
die feinen Schleimhäute im Hals aufkratzt
und die Flimmerhärchen in der Lunge mit Teer verklebt.
Es ist ihm auch gleichgültig,
dass der Körper sich von diesem Schmutz befreien möchte.
Er will nur Nikotin.
Es ist ihm völlig gleichgültig,
dass er die Funktion der Lunge mehr und mehr stört
und somit die Lunge das Husten allmählich einstellt.

Er will nur Nikotin.
Es ist ihm auch gleichgültig, dass der Körper
immer mehr natürliche Funktionen aufgeben muss
und die Gifte immer mühsamer loswird.
Er will nur Nikotin.
Ganz deutlich erkenne ich, wie eigennützig
der Schatten Nikotinsucht meinen Körper verwendet.
Ich aber bekomme nichts von ihm – nichts.
Ich erinnere mich an meine erste Zigarette.
Mein Körper hatte mir ganz deutlich gezeigt,
dass er den Rauch nicht wollte.
Trotzdem habe ich weitergeraucht.
Ich konnte die Ziele des Schattens nicht erkennen,
weil er mich bereits nach einigen Zigaretten umhüllte.

Ich erwache wieder aus meinem Tagtraum:
Ich plaudere gerade mit meinem Freund.
Wir lachen und erzählen uns von unseren Plänen.
Es ist herrlich. Die Sonne scheint und die Luft ist klar.
Ich genieße die Weite. Man kann das ganze Tal sehen.
Die Zeit vergeht. Der Himmel verdunkelt sich
und es beginnt zu regnen.
Ein warmer Regen prasselt auf uns nieder.
Alles beginnt zu duften.
Die Erde, die Gräser und die Blumen
entfalten ihre Gerüche zu einem Duftspiel.
Wir brechen auf
und eilen den leicht fallenden Weg ins Tal hinab.
Der Boden unter den Füßen ist weich und warm.
Wir ziehen die Schuhe aus und beginnen zu laufen.
Die Erde umschmiegt meine nackten Füße.
Bei jedem Schritt quillt der Schlamm zwischen meinen Zehen hindurch.
Das schlammige Wasser spritzt und durchtränkt meine Kleidung.

Es platscht und dampft, und die Haare kleben nass und schlam-
mig in meinem Gesicht.

In der Ferne entdecken wir eine kleine Hütte.
Wir laufen auf sie zu und kommen bald dort an.
Geschlichtetes Holz empfängt uns am Eingang.
Behutsam öffnen wir die Tür und treten ein.
Ein Duft von brennendem Holz im Kaminfeuer
strömt uns entgegen. Wärme und Geborgenheit dringen
in mein Inneres.
Ruhe und Frieden erfüllen mich. Ich atme tief, ganz tief.
Ich bin glücklich.

Noch immer trommelt der Regen auf das Dach.
Es regnet. Nichts als Regen.

Eine diffuse Leere macht sich plötzlich in mir breit.
Aus der Tiefe steigt ein Drängen hoch.
Immer stärker, immer deutlicher spüre ich diese Gier, die mich
mehr und mehr einnimmt und ganz zu verschlingen droht.
Und jetzt erkenne ich dieses unbändige Verlangen –
es ist der Schatten, mein Schatten.
Er will Nikotin.
Es ist ihm völlig gleichgültig,
wie wunderbar ich mich gerade fühle.
Er will Nikotin.
Dass ich bald wieder dieses Brennen im Hals verspüre, dass ich
schlecht rieche und dass sich mein Brustkorb enger und enger ein-
schnürt – all das ist ihm völlig egal.
Er drückt mir seinen Willen auf.
Der Schatten ist da. Ich brauche jetzt eine Zigarette. Ich will mir
jetzt eine anzünden. Alles drängt mich hin auf dieses einzige Ziel.
Ich will meine Zigarette. Hier und jetzt!
Alles wird ganz eng um mich herum – ich muss hinaus ins Freie.

Dort hat es bereits zu regnen aufgehört.
Mein Freund begleitet mich. Auch er entdeckt jetzt
diesen Schatten, der mich umgibt und mich wie eine graue Wolke
einschließt.

Mein Freund sagt: „Sieh doch, der Schatten hat die Form
eines riesengroßen Luftballons und du stehst mitten drin.
Pass jetzt genau auf: Ich halte nun diesen Ballon mit meinen
Händen fest,
und du gehst einfach raus.“
Ich schaue ihn ungläubig an. Jetzt hebt mein Freund die Arme
und hält den Ballon immer noch fest.
Ich versuche mich zu bewegen, aber ich weiß nicht, wie.
Ich habe Angst, habe Angst, meinen ständigen Begleiter zu verlieren.
Mein Freund sagt: „Geh raus! – Geh einfach raus.“
„Wie? Wie soll ich rausgehen?“
Und wieder sagt mein Freund: „Geh! Geh einfach nur raus!“ –
„Okay! Also gut. Einfach rausgehen!“
Ich probiere jetzt den ersten Schritt.
Setze dann einen Fuß vor den anderen.
Ja! – Es funktioniert! Noch ein Schritt! Ja! – Noch ein Schritt.
Ja, es geht! Es geht!
Ich gehe weiter – weiter und weiter. Ich bemerke, ich gehe so-
eben hinaus.
Ich gehe tatsächlich hinaus. Hinaus ins Freie!
In die reine, weite, klare Luft. Ich bin draußen!

Was für ein Unterschied! Was für ein Gefühl!
Ich erlebe eine vollständig neue Welt!
Ich bin so hell und so klar! Ich fühle mich so leicht und so frei.

Ein tiefes Gefühl der Dankbarkeit erfüllt mich. – Ich schaue hin
zu meinem Freund und sehe ihn, wie er so dasteht mit meinem riesengroßen Schattenluftballon.

Er sagt: *„Ich übergebe dir jetzt deinen Schatten. Es ist deine Nikotinsucht. Es ist dein Schicksalsballon – lass ihn einfach los!*

Ich nehme ihn und sehe ihn noch einmal ganz genau an und weiß in diesem Moment: „Jetzt bin ich frei!"
Ich öffne meine Hände, und der Ballon schwebt davon. Immer höher, immer weiter, immer weiter weg von mir. Ich blicke ihm nach. Er wird immer kleiner, immer kleiner – ich sehe ihn kaum noch. Er verschwindet.

Nehmen Sie jetzt eine Zigarette und zünden sie diese an. Sobald sich Ihre Konzentration klar auf: „Das ist das letzte Mal in meinem gesamten Leben!" eingestellt hat, drücken Sie in dieser Klarheit Ihre letzte Zigarette mit der inneren Formel aus. „Das ist das letzte Mal in meinem gesamten Leben. Ich aber bin hell und klar!"

Leeren Sie alle Aschenbecher! Werfen Sie alle Zigaretten, Zigarren oder Pfeifen weg!

Riechen Sie bitte am Lesezeichen!

Lesen Sie jetzt das PDM-Trainingserlebnis der Freiheit. Genießen Sie in vollen Zügen die Bilder und spüren Sie jeden Gedanken. Jetzt sind Sie frei!

Konzentrieren Sie sich jetzt darauf, dass Sie drei bis vier Meter groß sind, konzentrieren Sie sich auf das Gefühl des Königs oder der Königin. Schreiben Sie ein deutliches „K" auf Ihren Handrücken, bleiben Sie eine Woche lang im Gefühl der Königin oder des Königs.

Nehmen Sie das Lesezeichen und behalten Sie es immer bei sich. Riechen Sie daran, wenn Sie unsicher werden oder wenn Sie Nikotin wahrnehmen. Wenn Sie das Lesezeichen vergessen haben, gehen Sie wieder nach Hause und holen Sie es.

Reden Sie bitte nie wieder über das Rauchen. Es ist kein Thema mehr für Sie!

Lesen Sie jetzt das Trainingserlebnis „Freiheit", Seite 151 ff.

Alles Gute in Ihrem neuen Leben!

Ausgewählte Literatur und Quellen

Bauer, Joachim: Warum ich fühle, was Du fühlst. Intuitive Kommunikation und das Geheimnis der Spiegelneurone. Hamburg 2006.

Bergmann, Wolfgang: Das Drama des modernen Kindes. Hyperaktivität, Magersucht, Selbstverletzung. Düsseldorf, Zürich 2003.

Burger, Renate / Davani, Keyvan: Schwarzbuch Zigarette. Rauchen gefährdet Ihr Bewusstsein. Wien 2006.

Damasio, Antonio R.: Der Spinoza-Effekt. Wie Gefühle unser Leben bestimmen. München 2003.

Dreikurs, Rudolf: Grundbegriffe der Individualpsychologie. Stuttgart 1990.

Grillparzer, Marion: Glyx-Diät. Abnehmen mit Glücks-Gefühl. München 2003.

Grohs, Ursula: Faule und schlimme Kinder gibt es nicht. Mögliche Störungen der Konzentration. Graz 1992.

Hüther, Gerald: Die Macht der inneren Bilder. Wie Visionen das Gehirn, den Menschen und die Welt verändern. Göttingen 2004.

Louis, Victor: Individualpsychologische Psychotherapie. Ein Lehrbuch. München, Basel 1985.

Oberbeil, Klaus: Die Zuckerfalle. Wie uns das weiße Kristall dick und krank macht und was wir dagegen tun können. München 2004.

Rauland, Marco: Chemie der Gefühle. Stuttgart, Leipzig 2001.

Riemann, Fritz: Grundformen der Angst. Eine tiefenpsychologische Studie. München, Basel 1961.

Ruf-Bächtiger, Lislott: Das frühkindliche psychoorganische Syndrom. Minimale zerebrale Dysfunktion. Diagnostik und Therapie. Stuttgart, New York 1995.

Servan-Schreiber, David: Die neue Medizin der Emotionen. Stress, Angst, Depression: Gesund werden ohne Medikamente. München 2004.

Yalom, Irvin D.: Die Schopenhauer-Kur. München 2005.

Zernig, Gerald / O'Laughlin, Ian A. / Fibiger, Hans C.: Nicotine and heroin augment cocaine-induced dopamine overflow in nucleus accumbens, in: European Journal of Pharmacology 337 (1997), pp. 1–10.

Zernig, Gerald et al.: A randomized trial of short psychotherapie versus sustained-release Bupropion for smoking cessation, in: Addiction 103 (2008), pp. 2024–2031.

*

Adelmann, Erwin/Grohs, Ursula: CD Körperbewusstsein; www.braindesign.com, 2002.

Grohs, Ursula: CD Entspannung; www.braindesign.com, 2007.

Fagerström-Test; www.raucherportal.de

monologues.co.uk/Bob_Newhart/Tobacco.htm

Statistik Österreich, Mikrozensus 2006/2007; www.statistik.at

http://www.imdb.com/title/tt0068049/mediaindex

www.ajcn.org

www.lungespezial.de/index.htm?/0604/medizingeschichte/August 2004

Abbildungsnachweis

S. 50: Getty Images/Susan Kinast

S. 51: Probst/ullstein bild/picturedesk.com

S. 63: Adriano Schena/TIPS/picturedesk.com

S. 64, 65, 66: shutterstock.com (Welpe, sexy Mann) und www.stockxpert.com (sexy Frau)